Livet på prøveperiode

Forlag: BoD · Books on Demand GmbH, In de Tarpen 42,

22848 Norderstedt, Tyskland

Tryk: Libri Plureos GmbH, Friedensallee 273,

22763 Hamborg, Tyskland

ISBN: 978-87-4305-739-0

Forord

Blandt mange unge er antallet af dem med psykiatriske diagnoser steget over de seneste år. Tildels er diagnoserne blevet normaliseret, men der er stadig tabuemner, diagnoser med manglende informationer og support og følelsen af at stå alene med sorgen om at være psykisk syg. Dette vil jeg prøve at ændre på igennem denne bog hvor jeg deler ud af egne oplevelser hvor jeg fortæller om det at være psykisk syg, råt og ufiltreret samt dét at ramme bunden, men også hvordan man kan komme op på benene igen.

En tak skal gives til min far, mor, bonusmor, moster Cille, Dorthe, Hanne og Christine som har læst min bog og tjekket for fejl og ændringer.

En tak skal også gives til mine veninder som virkelig troede på at jeg ville få skrevet min bog færdig og håbede for mig at den ville blive lige som jeg havde ønsket.

Oversigt

Indledning

Dét at leve med "bingo" i diagnoser, er noget jeg har mestret efterhånden.

Jeg forstår smerten af aldrig at kunne leve op til normen,

Jeg forstår smerten af at miste sig selv,

Jeg forstår smerten af at have kørt på autopilot så længe at man mister hukommelsen om mere end halvdelen af ens liv,

Og jeg forstår at det kan lyde attraktivt at tage den nemme vej ud.

Da jeg var på mit laveste, sagde folk hele tiden "Det bliver bedre" og "bare vent og se, alt bliver godt igen" og jeg vidste aldrig om jeg skulle grine eller græde, fordi hvad fanden skal det betyde? Ingen ved at det bliver bedre og at jeg får en reel chance i livet jo. Det er deres egne selviske ønsker om at beholde mig på denne jord.

Var hvad jeg tænkte.

Men den dag i dag ved jeg, at det kan blive bedre, og at det bliver bedre. Og ligegyldigt hvor bullshit det lyder, så er den rigtig nok.

Og vi har masser af eksempler på folk der har fortsat selvom de ville have taget til himmels tidligt:

Elton john, prinsesse Diana, Britney Spears, Eminem, Billie Eilish, Walt Disney endda, og listen fortsætter I uendeligheder.

Og jeg har selv været der, og det har du som læser måske også, eller også er du der lige nu.

Denne bog er ment som et outlet for mig, fordi jeg gerne vil have min historie hørt, fordi jeg vil sætte fokus på de emner ingen tør snakke om, og fordi jeg vil sige fuck det psykiatriske system som havde fejlet mig hvis ikke min mor havde været min forkæmper i mange mange år, og som har ladt mange af mine venner i stikken fordi de ikke var direkte på kanten til at begå selvmord. Men den er også ment som en tak til alle dem der har hjulpet mig, og de få i psykiatrien som virkelig sætter sig i selen for at forstå unge som mig og som virkelig gør en forskel hver eneste dag for udsatte unge og sidst men ikke mindst, fordi jeg vil fortælle dig, at når alt er lort, kan det, med lidt hjælp, kun blive bedre. Og det bliver det også.

Jeg er en 19 år gammel tøs som er bipolar og autist med ADHD, angst, atypisk anoreksi, bulimi, påtrængende tanker, belastningsreaktion og vrangforestillinger.

Men jeg er også meget mere end det.

Jeg er: empatisk, lidt naiv, jubeloptimistisk, glad, klog, selvsikker, selvindsigtsfuld, rimelig badass, (ifølge min psykolog i hvert fald) en god ven, og egentlig bare en super menneskeglad pige, som er nysgerrig på livet, og som gør hendes bedste. Og som er god nok som hun er.

Igennem denne bog vil jeg fortælle om min livshistorie og om hvordan jeg ramte bunden som 16-årig, og om hvordan jeg fik tilbuddet om at give livet en sidste chance, at have livet på en prøveperiode, hvis man kan sige det sådan. Og hvordan mit liv vendte sig 180 grader da jeg virkelig valgte at give det et sidste skud. Hvordan jeg nu har oplevet livet, kærligheden, nye venskaber, at finde mig selv, og at opnå ting der før virkede umuligt.

Måske kan du som læser bruge det til noget, måske ikke, og så har jeg fået et outlet for mine tanker og følelser via min bog, og du har fået en oplevelse. In any case, så vil jeg håbe at hvis du tager noget med fra bogen, så er det at ligegyldigt hvor lort alting bliver, så kan du vide dig sikker på at hvis du har ramt bunden, så er der kun en vej, og det er op.

Barndom

Den 23. marts 2005 klokken 23:33 bliver jeg født, og mine forældre var så utroligt stolte. De ville have navngivet mig Thomas da de troede jeg ville blive en dreng men ender med at navngive mig Laura og tage mig med hjem fra hospitalet. Jeg var en glad baby har jeg fået at vide, jeg smilede og grinede altid og var relativt nem at passe. Det er rart at vide at der var engang i mit liv hvor jeg kunne grine helt ubesværet og ikke kendte til depressioner og spiseforstyrrelser.

Da jeg bliver imellem 1 og 2 år gammel begynder jeg at få ondt i maven ofte. Jeg får konstateret kronisk IBS - en sygdom der gør at tarmene absorberer for meget væske og det gør at man oplever ekstreme mavesmerter og problemer med toiletbesøg. Disse smerter ville senere også være en indikator på hvordan mit psykiske velvære var.

Da jeg bliver 3 kommer min mor hjem fra arbejde og ser mig komme løbende hen til hende. Jeg siger til hende: "Mor vi skal passe godt på far i dag, han har det svært." Min far havde formegentlig sagt til mig at han var træt, men lille mig tog med det samme initiativet til at være "den voksne." Dette var blot begyndelsen. Jeg ved ud fra denne historie at jeg har været kronisk people pleaser og propfuld af empati allerede som lille barn, og det er noget der har bidt mig i røven lige siden.

Et andet eksempel var da jeg som 4-årig i børnehaven går op til en voksen og siger "Er du okay? Har du brug for en snak?" Og det skal siges at hun intet havde gjort for at virke trist. Dette bekymrede min mor fordi jeg var så følelsesklog allerede dengang.

Jeg ville senere få at vide af en psykiatrisk sygeplejerske at jeg skulle holde op med "det pjat" og at det var uforskammet af mig at blande mig på den måde i voksnes sager. Hun var til stor hjælp som i kan fornemme.

(og ja, Autister forstår sarkasme. Til tider.)

Da jeg bliver 4 skilles mine forældre. Jeg husker ikke meget fra den tid, kun skænderier imellem dem og at lege med min 1-årige lillebror. Jeg husker også meget tydeligt at der i børnehaveklassen bliver spurgt "hvem elsker du mest, din mor eller din far?" Og jeg synes det var det mest uforskammede spørgsmål, fordi hvis man kunne få sig selv til at vælge imellem de to så var man da et forfærdeligt menneske. Jeg blev ofte vred og utroligt forarget over dette og sagde at det ville jeg aldrig svare på, og at jeg elskede dem lige højt. Og selv hvis jeg havde det anderledes ville jeg *aldrig* stå ved det.

Det er noget underligt noget det med people pleasing. Det er lidt som en tvangstanke. Du skal gøre bestemte ting i bestemte situationer og din hjerne skriger på dig at det ikke må være anderledes, for ellers så bliver nogen vrede eller triste, og dét ville være forfærdeligt. Du ødelægger dig selv og dit sociale liv ved konstant at lade folk vade udover dine personlige grænser og du mister forståelsen for at du fortjener respekt. Du sidder hele tiden fast i et tankespind om "hvad vil de gerne have at jeg siger eller gør i denne situation?" Og det er på denne måde at du mister din selvtillid.

Og når den først er helt væk, så er det utroligt svært at få tilbage. Det er dog ikke umuligt.

Dette fortsatte naturligvis og mine første år i folkeskolen var skønne. Jeg havde mange venner, jeg var super udadvendt og havde det godt med alle omkring mig. Men jeg begyndte at få ondt i maven. Hver dag. Det kom snigende og gav mig så voldsomme kramper at jeg tit lå inde i et tomt rum og vred mig og græd lydløst for ikke at forstyrre andre eller gøre dem bekymrede. Efter mange omgange med dette stoppede mine forældre med at køre mig hjem igen når jeg fik ondt. Jeg fik det jo godt når jeg kom hjem så det måtte være pjæk og drama. En regel blev lavet af min mor. Jeg måtte ikke tage hjem medmindre jeg havde feber eller kastede op. Så jeg prøvede desperat på begge dele. At drikke varmt vand og bede mor tage temperaturen (Det var lunkent vand så den gik ikke) og drejede rundt om mig selv på legepladsen indtil jeg blev så svimmel at jeg måtte ligge ned med lukkede øjne. Jeg formåede aldrig at kaste op med vilje. Dette var dog noget jeg lærte at gøre senere hen. Tak bulimi.

Dette var starten på min mistrivsel. Ingen så tegnene på min stress fordi jeg jo fungerede så "godt" fagligt og socialt, jeg blev overset, og jeg får ondt i maven ved tanken om hvad lille mig har skulle igennem. Jeg forstod ikke hvorfor det var svært for mig at følge med i hvad der var "trendy" og jeg blev udskammet af nogle af pigerne på den måde. Det var også svært at lege med de andre fordi jeg havde brug for at vi legede på *min* måde. På trods af dette havde jeg dog mange venner som gik med til at vi legede på min måde.

Min mistrivsel blev ved, og da jeg som 9-årig opdagede modeller og tv-stjerner med knoglerne på display, så gik det op for mig at jeg ikke så ud som de gjorde. Og alle elskede jo hollywood stjernerne så de måtte have gang i noget rigtigt.

Pludselig var mit eget spejlbillede ødelagt for altid. Jeg var for tyk, havde ingen bryster eller numse, ingen talje der var synlig, ingen ribben man kunne se og mit ansigt? Ja det var jo helt galt. Nu startede det så for alvor at jeg blev selvdestruktiv. Jeg begyndte at smide mine madpakker ud, at tage mindre portioner til aftensmad, ikke spise foran folk osv.

Jeg fik det utroligt dårligt.

Jeg havde ingen energi. Ingen overskud til venner og familie, jeg var humørsvigende og aggressiv, men mest af alt var jeg bare så ulideligt trist og jeg følte mig så alene om smerten. Jeg havde stress.

Her skete så noget jeg ville ønske jeg kunne gå tilbage og stoppe.

Min veninde på daværende tidspunkt viser mig at hun har skåret i sig selv, og med dét bliver en hel ny verden åbnet for mig.

Kontrollen over mit liv som jeg fik genvundet ved at kontrollere min spisning, kunne gøres på flere måder.

Jeg gik hjem den aften, tog en grillkniv og skar i min arm, igen og igen indtil jeg var tilfreds. Det brændte og det føltes forkert, men det gav mig et kick, og så følte jeg mig pludselig ikke så ked af det længere. Jeg følte mig bare tom i stedet. Jeg havde nu straffet mig selv som jeg fortjente og derfor behøvede jeg ikke være helt så vred på min selv.

Der gik nogle uger før nyheden kom ud på skolen med at det var blevet en "trend" at cutte. Jeg vidste præcis hvem der gjorde det og jeg ville ikke opdages.

Min mor, far og bonusmor holdt møde sammen efter denne nyhed og snakkede med mig om det for at høre om jeg var okay i det hele. Samtalen gik fantastisk og jeg dansede forsigtigt rundt om ideen om at jeg kunne have cuttet. Men så da vi skal til at rejse os, spørger min søde bonusmor, Dorthea: "Laura har *du* skåret i dig selv?"

15

Det løb mig koldt ned af ryggen og jeg måtte med røde kinder trække ærmet op.

De var chokerede. Min far begyndte at græde med det samme og min mor fulgte lidt efter. Dorthea var den eneste der kunne holde hovedet semi koldt. Hun talte forsigtigt til mig og vi snakkede længe alle sammen. Vi sluttede af med et gruppekram, og jeg troede at det var dét. Hvad jeg ikke vidste var at de nu planlagde et visit til psykiatrien.

Jeg fik svært ved at komme i skole efter dette. Folk fandt ud af at jeg havde cuttet og der var blikke, holdninger og påtrængende spørgsmål. Og selvfølgelig folk der var bekymrede for mig. Elever ligesåvel som lærere. Det var for meget for mig, så jeg blev bare hjemme. Jeg mistede mange af mine venner her. Jeg blev kaldt for en byrde og en man ikke ville omgås med. Men alligevel blev nogle få ved mig side. En af disse var min bedste veninde Emilie som jeg kaldte klump, opkaldt efter klumpfisken som var hendes yndlingsdyr. Klump var ved min side igennem det hele og hun så aldrig anderledes på mig. Hun så mig blot som en god veninde der havde egne ting at slås med, og den dag i dag er hun stadig en af mine bedste veninder, og den jeg har kendt længst. Lige siden vi var 6 år gamle.

Dette fortsatte indtil jeg blev 13 år gammel, hvor mistrivsel, cutting, angstanfald og spiseforstyrrelse styrede hverdagen for mig.

Da jeg er 13 sker der også en af de største omvæltninger i mit liv. Jeg vil skrive oplevelsen ned, men efter dette, aldrig igen. Det er så stort et traume at jeg stadig har problemer den dag i dag, selvom det ikke nødvendigvis virker så voldsomt. Men jeg husker det som var det i går.

Jeg kommer hjem fra skole en vilkårlig dag og skal til at gå fra busstoppestedet da det går op for mig at jeg har glemt at tjekke ud med buskortet. Jeg panikker for jeg tør ikke gå ind blot for at tjekke ud, for det er anderledes end normen, og anderledes var farligt. Hele min krop skreg og jeg mærkede et angstanfald komme snigende. Midt i panikken ringer jeg til min far, som med det samme prøver at få mig til selv at fikse det. Jeg er helt oppe i det røde felt med min angst, det røde felt hvor man ikke kan arbejde på angsten men skal lægge sig ned og slappe af så hjernen ikke short circut'er, dette vidste han dog ikke. Far giver mig til sidst et ultimatum, da jeg ikke kan gøre noget af hvad han beder mig om. Enten går jeg selv ind og tjekker ud i den næste bus, ellers går han med mig ind og tjekker ud. Begge dele lød forfærdeligt og jeg kunne på ingen måde overskue noget af det, men jeg vidste at en af dem skulle ske og jeg kunne ikke bære at jeg både skulle gøre noget ude af normen men også med min far, det var jo pinagtigt.

Jeg går igennem den næste bus, tjekker ud og går ud igen. Intet farligt skete, men tårene trillede ned at begge mine kinder, og da jeg er ude af bussen hulker jeg så hårdt at jeg ikke kan få vejret. Jeg går med tunge skridt hjem og ved at far er vred på mig. Det kan jeg ikke overskue. Da jeg kommer hjem er jeg ked af det og vred og vil ikke snakke med far. Han prøvede at snakke med mig om det. Jeg nægtede. Han siger så "Nu får du 15 minutter, og så skal vi snakke om det" Nu var han vred igen. Og jeg var bange. Jeg løber ud i skuret og ringer til mor grædende og siger "Han eksploderer snart". Mor som ikke kunne gøre noget for mig da hun var på arbejde stadig kunne kun tilbyde trøstende ord. Men de 15 minutter var snart gået så jeg løb tilbage. Vi snakkede om det men hver gang jeg udtalte mig om min angst og hvor ked af det jeg var, kunne han

mod argumentere med "Hvordan skal du ellers lære det?"

Jeg følte mig tromlet så jeg gik bare med til hvad han sagde, for jeg

orkede ikke at skændes, og jeg turde det desuden ikke. Der gik ikke

engang en halv time før han bad mig finde et kort til ham fra min

taske, jeg havde fået dette kort væk og vidste derfor at han ville blive

vred, så jeg løj og sagde at et lå hjemme hos mor. Jeg vidste at hvis

han fandt ud af at jeg løj ville han blive rasende. Men jeg måtte tage

chancen, begge muligheder var lort så hellere prøve at se om jeg

kunne slippe udenom. Han spørger så "siger du sandheden *for*

alvor? "

Her bliver jeg rød i hovedet og kigger blot ned i gulvet, for jeg

vidste at det var en løgn og man må ikke lyve med "foralvor".

Så brød helvede løs.

Han begynder at skrige af mig, vildt og voldsomt og går ind i

køkkenet og går amok ved at smadre køkkenet. Han banker,

smækker og slår på alt i nærheden og skriger som et vildt dyr og

græder samtidig.

Her faldt min verden på gulvet. Jeg følte mig som verdens værste datter, noget jeg aldrig har haft lyst til at være. Jeg troede endda at han smadrede køkkenet fordi han i virkeligheden ville smadre mig men vidste at det var ulovligt så jeg stod bare helt krampagtigt stille og ventede på at blive slået. Det var flere ulidelige minutter, og til sidst går jeg forsigtigt ind på mit værelse og ligger mig under dynen. Følelsesløs. Angsten havde fået så godt fat i mig at adrenalinen havde slået til og pludselig kunne jeg intet mærke. Dorthea kom ned og gik direkte ind til mig og holdt om mig. Så græd jeg lige så stille indtil han var færdig. Han kom ind på værelset og jeg var så utroligt bange. Men han satte sig bare på kanten af min seng og begyndte at hulke. På en eller anden måde ender vi alle med at holde om ham, selvom jeg har et hjerte der er ved at banke ud af brystet på mig fordi jeg jo ikke vidste hvad der skulle ske og jeg stadig var ved at processere hvad der lige var sket. Jeg bliver spurgt flere gange om jeg er okay, af min grædende far og der bliver sagt undskyld som jeg selvfølgelig svarer "det er okay, undskyld jeg løj" til, som den people pleaser jeg er.

De næste par dage var ulidelige, jeg havde så meget hjertebanken, kvalme og rystelser hver dag hele dagen, men gjorde mit bedste for at gemme det væk overfor far fordi jeg ikke ville gøre ham ked af det. Han måtte jo ikke tro at jeg var bange for ham eller noget. Men det var jeg. Rigtig meget. Og også utroligt forskrækket stadig. Jeg blev bange hver gang jeg hørte hans skridt på gangen, når vi spiste sammen, når jeg så ham og når han kaldte på mig. Det var frygteligt, for jeg elskede ham jo så højt og ville ikke være en dårlig datter. Men ingen gode døtre er bange for deres far tænkte jeg. Og jeg havde jeg ingen lov til at være bange. Han slog mig jo aldrig, så jeg burde bare være ligeglad. Andre har oplevet værre end mig så jeg burde ikke føle hvad jeg følte. Det mentale pres jeg oplevede var forfærdeligt, og min selvtillid dykkede utroligt meget. Min far havde på daværende tidspunkt stress og havde selv utroligt mange ting at slås med, men det vidste jeg jo ikke så derfor havde jeg svært ved at forstå at det ikke handlede om mig, det handlede om det pres han selv oplevede.

Efter denne hændelse har jeg angst hver gang jeg lyver små hvide løgne som fx "Jeg kan ikke i dag, jeg skal noget" Hvilken blot er en løgn fordi jeg stadig øver mig i at være ærlig om at jeg ikke kan så meget på grund af mine psykiske sygdomme, men også når det kommer til diskussioner eller folk der er vrede. Jeg kan slet ikke være i det, og hvis diskussioner er milde og rolige, hører jeg dem som voldsomme og aggressive selvom begge parter er tilpas, og hvis nogen råber, specielt mænd, selv for sjov, så begynder hjertet at hamre endnu en gang og rystelserne også. Dette er blevet til en væsentlig del af hvordan jeg håndterer konflikter, og dét at flytte væk fra min far var noget af det sundeste jeg har gjort for mig selv og vores relation. Det er noget jeg er stolt af at jeg fandt styrken til på trods af at være kronisk people pleaser.

Noget andet der har præget mig meget fra min folkeskole tid (dog mindre end episoden med far) var da en pige engang sagde "Emilie er smuk, Emma er klog, men hvad er du?" "Hvad er specielt ved dig?" i en nedladende tone, og jeg tror ikke hun forstod hvor ondt det gjorde på mig dengang for det var præcist min frygt. Ikke at være speciel. For hvad er der at elske ved nogen der ikke er speciel? Og av, jeg blev ikke set som en smuk pige, og av, jeg blev ikke set som den kloge. Det gjorde så ondt og spillede lige ind i alle de selvhadske tanker jeg havde. Jeg havde i mange år husket den episode som et trist minde fuld af angst og selvhad, Men jeg kan dog i dag sige med sikkerhed at der ér noget specielt ved mig. For jeg har 7 diagnoser, og jeg får at vide at jeg stråler så meget af livsglæde og kærlighed til mine medmennesker at mine øjne lyser op, og at jeg er så empatisk og venlig at det er i en grad hvor det gør ondt på mig selv. Jeg er specicl. Og jeg er elsket. Og vigtigst af alt, så elsker jeg mig selv. Det kunne jeg ikke før men det gør jeg inderligt nu.

Sygdomsforløb

Psykiatrien var et forfærdeligt sted da jeg kom ind som 11-årig.

Ingen var venlige imod mig. De kaldte mig dramatisk og sagde at

jeg skulle opføre mig som min alder i stedet for som en 18-årig. De

fattede ikke at man bliver voksen hurtigt når man har traumer.

Efter sundhedsplejersken bekymret fortalte at jeg voksede i højden,

men tabte mig, blev jeg henvist til spiseforstyrrelsesambulatoriet

hvor helvedet startede.

Atypisk nervøs spisevægring

Jeg blev diagnosticeret med atypisk nervøs spisevægring (eller bare

funky anoreksi som ikke 100% opfylder diagnosekriterierne)

Personalet talte i en venlig tone, men det var tydeligt at mærke at de

blot ville fikse tallet der stod på vægten og ikke hvordan jeg rent

faktisk havde det. De styrede mit liv med madplaner og

gruppesamtaler hvor ingen sagde et ord, og hvor min hjerne kun

kunne tænke: Du er jo slet ikke syg nok til at måtte være med her.
Du skal være tyndere.

Som min mor tit har fortalt, så var spiseforstyrrelsesteamet aldrig
sikre på at jeg havde spiseforstyrrelse, og de virkede ikke særlig
kompetente til andet end at proppe mad i fjæset på mig. Jeg
passede ikke i "standarden" for spiseforstyrrelse, og derfor ville de
egentlig ikke tage ansvar for min behandling.

Derhjemme blev jeg tvunget til at spise ugudeligt store portioner
som var større end min fars, og jeg blev tvunget til at spise resterne
selvom konsistenserne var blandede og min autistiske hjerne skreg
på hjælp (men vi vidste ikke dengang at jeg var autist). Det var et
absolut helvede. Jeg begyndte her at få angst. Angstanfald var en
daglig ting, ofte ved spisebordet eller i skolen, og jeg var bange for
alt. Insekter, at blive syg, højder osv. Jeg følte mig for bange til at
være vågen og at skulle ud af en dør. Jeg turde aldrig spise eller være
udendørs om sommeren, af skræk for at der kunne være hvepse og
smådyr, og jeg ville ikke være på trappeopgange eller elevatorer, da
det var højt oppe. Jeg behøvede heldigvis ikke tage ud, for mine
forældre forstod endelig alvoren af min mistrivsel.

Efter nogle måneder i psykiatrien fandt vi ud af at mit sind var

stærkt præget af regler.

Regler som jeg på ingen måde følte jeg kunne arbejde udenom.

Tvangstanker. Oftest people pleasing tvangstanker.

Vi satte os som familie og skrev dem ned. Vi kom op på over 40 på

cirka 10 minutter. Hverken af mine forældre forstod dem, eller

hvorfor jeg ikke kunne undlade at være styret af dem, og det gjorde

jeg faktisk heller ikke, men det var som et stort blinkende stopskilt i

min hjerne med et bilhorn der skreg af mig når jeg prøvede at sætte

mig imod dem. De fleste gik ud på at jeg skulle være der for andre

mennesker, at jeg ikke måtte sige nej og da specielt ikke to gange i

streg, og at jeg ikke måtte være sur eller græde fordi det ødelagde

andres humør. (Dén fik jeg desværre fra hjemme hos min far)

Der gik et par år med dette og da jeg blev 13 ville de udrede mig

igen. Denne gang vender jeg hjem med tre nye diagnoser jeg skal

forholde mig til.

ADD (jeg siger ADHD fordi jeg er hyperaktiv når jeg har det godt),

Fobisk angst og Socialangst.

ADHD

Da jeg blev udredt for ADHD havde jeg ingen tro på at det var dét der var galt med mig. Jeg var overbevist om at det blot var angst. Men da jeg bliver diagnosticeret med ADD var det som om brikkerne faldt på plads. Det var grunden til at jeg ikke havde kunnet gøre specifikke ting, og havde et "mental block" og grunden til at jeg altid havde svært ved at sidde stille og fokusere i timerne. Det mental block, der opstår når man har adhd er en ting der ikke tales så meget om og jeg stødte først på det på sociale medier specifikt fra Amerika og det gav rigtig god mening. Det mentale block, eller som jeg kalder det "den mentale adhd mur" er når du oplever, ikke at kunne gøre noget bestemt fx putte nyt sengetøj på, gå en tur, tage bussen og føle at der er en slags mur imellem dig og handlingen som gør at du sidder fast tankemæssigt. Det kan fikses ved at man planlægger sit næste skridt eller sætter en god sang eller en youtube video på så man fjerner fokusset fra sin tankemæssige blokering.

Jeg har oplevet efter min diagnosticering at jeg passede meget bedre til ADHD diagnosen fremfor ADD som undlader hyperaktivitet, og grunden til dette er at da jeg blev udredt var jeg et angstfyldt lille barn som var utroligt bange for ikke at kunne please alle omkring så derfor anstrengte hun sig for at sidde stille og være "ordentlig." Derfor siger jeg nu blot at jeg har ADHD hvis nogen spørger, for de regner den for det meste ud allerede når de ser min ben hoppe under bordet eller når jeg ikke holder kæft selvom jeg er blevet bedt om det.

En anden ting jeg har lært er, at når man har ADHD kan det være svært at fange hvad kroppen prøver at fortælle, og til tider opdager man slet ikke signalerne. Der kan gå flere timer hvor man ikke opdager at man ikke har spist eller drukket, eller ikke har været på toilet. Dette gør ofte at man får ondt i maven eller ondt i hovedet i stedet. Man kan også mistolke signalerne således at hvis man keder sig, så føler man sig sulten fordi hjernen vil opleve dopamin (glædeshormon), eller at man får lyst til at lave noget når man egentlig skal tisse osv.

Fobisk angst og socialangst

Jeg havde svær angst da jeg blev udredt første gang og min angst var lammende. Jeg kunne ikke være udenfor huset, Jeg kunne ikke sove, jeg kunne ikke skrive med folk, jeg kunne ikke sidde i bilen, Jeg kunne ikke købe ind, jeg kunne ingenting, og jeg forstod ikke at det ikke var blevet opdaget noget før.

Jeg oplevede min angst igennem dét at jeg ikke kunne være i skole uden at være panikslagen for at gøre noget socialt forkert eller unormalt. Jeg havde panikanfald flere gange om ugen, ofte i skolens kælder hvor jeg håbede på at ingen så mig.

Min fobiske angst kom til udtryk igennem utroligt mange fobier. Vi vidste ikke at angsten var et resultat af vedvarende stress og en overbelastet hjerne, så vi gik ud fra at jeg blot var en pige der var bange for mange ting. Hvepse og andre insekter var en stor frygt jeg havde, og jeg fik panikanfald ofte om sommeren når jeg hørte summelyde eller så et flyvende insekt være i nærheden af mig.

Højder var også en stor en, og jeg husker tydeligt at være på tur ud af huset med min klasse hvor jeg så ender med et heftigt angstanfald oppe på en bakke fordi der var stejlt ned og ingen trappe. En trappe ville dog heller ikke have hjulpet for jeg var også bange for lange trapper og høje trappeopgange. Edderkopper, havet, mørke, nåle osv osv, jeg var propfyldt med angst og det var en realitet at jeg nogle gange dagligt havde panikanfald så slemme at jeg i 10 minutter ikke ville kunne få luft og være på randen til at besvime fordi jeg hyperventilerede sådan.

Jeg starter kort tid efter min diagnosticering i angstgruppe med andre unge, og vi får et hyggeligt fællesskab som jeg aldrig vil glemme. Vi tog fx i shopping centre og zoologisk have for at prøve kræfter med angsten og gøre ting der var angstprovokerende som at: røre ved noget beskidt uden at vaske hænder, snakke med en fremmed, se på slanger og blot det at færdes i offentligheden.

Her får jeg en psykiatrisk sygeplejerske der hedder Sonja. Sonja var en ældre dame som havde det skønneste smil og grin, og så var hun

20cm lavere end mig. Sonja hjalp mig over de næste 5 år med diverse ting og hjalp mig til at forstå hvad der var galt med mig. Hun blev lidt som et familiemedlem og jeg savner hende. Hun blev engang mormor midt i en af vores samtaler og vi var begge så glade. Hun har en speciel plads i mit hjerte.

Hun hjalp mig også med at finde ud af at jeg havde påtrængende tanker.

Påtrængende tanker

Påtrængende tanker er noget af det mest tabu belagte jeg kan komme på. Det er forfærdeligt at gå rundt med uden at forstå hvad det er. Jeg havde påtrængende tanker om at stikke folk ned når jeg stod med en køkkenkniv, at køre galt på cyklen med vilje, at have sex med fremmede mænd osv osv. Jeg havde også værre tanker, og grunden til at jeg nævner disse er fordi det ikke er okay at lade det forblive tabu. Jeg oplevede under mine værste omgange med stress, påtrængende tanker om at tage del i incest eller voldtægt, selvom jeg aldrig, aldrig kunne drømme om det. Påtrængende tanker opstår fordi man er angst for at gøre noget som man *aldrig* kunne

31

finde på med vilje. Derfor skal man ikke lade tankerne definere om man er et godt menneske eller ej, for de er blot tanker. Det vigtigste Sonja lærte mig ved dette var at jeg ikke var alene i det, og at de kunne gå væk hvis jeg accepterede dem. Når først man accepterer at der er en tanke og accepterer at det er ubehageligt at man ikke selv bestemmer over tanken så er det ikke en angst længere og dermed bliver tankerne mindre kraftige eller gå helt væk. Når jeg oplever påtrængende tanker, som fx "Jeg stikker nogen ned med denne her kniv" eller "Jeg drejer ud foran den lastbil dér" eller endda "jeg hopper sgu" når jeg står et højt sted så stopper jeg op, tager en dyb indånding og husker at man kun får påtrængende tanker om noget man aldrig kunne finde på eller have lyst til og derfor er bange for at *komme til* at gøre, så derfor er det blot en påtrængende tanke, det er ikke mit eget reelle ønske. Dette hack er grunden til at jeg næsten aldrig døjer med påtrængende tanker den dag i dag, og det er jeg så lykkelig for da det er noget af det mest pinagtige mentale rod at døje med.

Sonja, min sygeplejerske hjalp mig også med at prøve forskellige medicin af til ADHD og angst, hvoraf kun 1 præparat ud af 7 fungerede, og vi fandt sammen ud af at jeg havde vrangforestillinger.

Vrangforestillinger

Et traume jeg husker var da jeg var 8 år gammel og så the Truman show første gang. Jeg blev så utroligt bange for tanken om at alt i ens liv var opdigtet, falsk og jeg begyndte at spekulere på om der var kameraer gemt, og om menneskerne i mit liv var statister og skuespillere. Dette gik fra spekulation og en angst, til fuld overbevisning, til hvor jeg sagde til min mor at jeg var vred, fordi hun ikke var min rigtige mor og bare lod som om hun elskede mig for fjernsynets skyld. Dette stod på i mere end 8 år og vi arbejdede på det længe, og jeg får stadig tankerne når jeg er allermest stresset, så derfor prøver jeg at passe godt på mig selv, for det er ret nederen at tro at alt man gør, bliver filmet. Jeg kunne blandt andet ikke gå på toilet i en uge fordi jeg ikke gad at "folk" skulle se at jeg tissede. Supertræls og ikke særlig sundt.

Hvis du som mig har haft vrangforestillinger om at der var kameraer i dit hus, så har jeg et lidt nemt hack. Dæk "kameraerne" til når du er mest angst med tape/tæpper osv. På den måde kan du få dig en pause fra angsten over dem, indtil du er mindre stresset og kan tage det ned igen. Det kan være nødvendigt at tage sådanne hensyn til sig selv en gang imellem og specielt når man er angst og stresset og hjernen trænger til en pause og noget tryghed.

Omkring dette tidspunkt som 15 årig, starter jeg i noget der hedder hospitalsundervisningen, som er en hospitalsskole som var tilknyttet psykiatriens sengeafsnit, så man kunne fortsætte sin uddannelse fra hospitalet af.

Grunden til at jeg fik en plads dér trods ikke at være indlagt på daværende tidspunkt, var fordi min folkeskole ikke gad tage ansvar for mig. De mente at intet var galt, og at jeg ikke havde det så slemt. De ville maks skære mit timeantal ned eller give mig et rum til pauser (som jeg dog blev smidt ud af, af andre voksne.) men ikke at fikse noget med min mistrivsel. Psykiatrien sendte endda adskillige breve til min folkeskole hvor de formidlede ideer til hvordan jeg ville kunne trives og hvad der skulle laves af minimale ændringer, men skolen sagde nej. Min PPR (skolepsykolog) sagde endnu en gang at jeg ingen hjælp behøvede men at hvis vi *absolut* insisterede så ville de sætte en lærer uden uddannelse indenfor psykiatrisk hjælp, til at aflaste eller hjælpe mig. Dette havde han desværre ingen forståelse for, og det hjalp derfor på ingen måde. Her svigtede skolen mig. Og PPR svigtede både mig og min familie da PPR-psykologen på ingen måde var interesseret i at hjælpe. Dette var en svær tid for mine forældre, da forskellige systemer hele tiden fralagde sig ansvaret for min trivsel, og sagde "det er et andet sted Laura skal have hjælp" og derfor fik jeg ingen hjælp. Mine forældre stod derfor med et svært psykisk sygt barn i total mistrivsel helt alene.

Ideen med hospitalsskolen blev så taget op. Men skolen ville ikke betale for en plads til mig, så den ide var skudt ned. Dette var indtil at skolelederen fra hospitalsundervisningen fik så ondt af mig og min situation at de gav mig en plads uden nogen form for betaling krævet, og de lovede folkeskolen at holde kæft om aftalen, siden folkeskolen formegentlig ikke gad have det som en del af deres ry.

Folkeskolen ville hverken give en plads på en anden skole til mig, eller fikse min mistrivsel *på* skolen. Forfærdeligt sted.

På hospitalsskolen mødte jeg to fantastiske lærere Helle og Caroline som hjalp mig til at øve at trives i skolen, og at kunne tage pauser så jeg ikke brændte ud efter en time, og de hjalp mig endda med at skrive min første eksamen. Jeg kom dog ikke op i folkeskoleeksamenerne fordi jeg havde så meget angst, og bestod derfor blot med gennemsnittet af årskaraktererne. Dette var under corona pandemien og man kunne derfor bestå således.

Efter mange år på børnepsykiatrien bestemmer de sig for at indlægge mig. De sagde at det var fordi de stadig ikke kunne gennemskue mig og ville have mig under opsyn. Jeg lod mig indlægge og endte faktisk med at hygge mig. Der var Tv, mennesker der tjekkede op på en, mad, gåture, brætspil osv. Og jeg måtte dekorere mit eget værelse på stue 7!

Måneden fløj forbi og jeg var egentlig ikke bekymret for det der kom næstefter. Men så fik jeg endnu en diagnose. En slem en, synes jeg dengang.

Autisme

Jeg havde hørt folk bruge det som skældsord og som noget underligt og pinligt, og jeg ville *ikke* associeres med det. Men det skulle jeg. Jeg kom hjem igen og blev ulideligt deprimeret. Jeg kom ikke i skole og endte med selvmordstanker. Det føltes som en sorg at være konstateret psykisk handikappet. Dén sorg kunne jeg ikke holde til.

Selvmordstankerne blev så slemme at jeg måtte indlægges igen. Et par uger før min 16-års fødselsdag bestemte jeg mig for at jeg ikke ville leve til jeg blev 16. Jeg var angst for forandring og dét at blive ældre, så naturligvis kunne jeg ikke overskue et nyt år. Det var noget mega møg og jeg blev indlagt et par dage inden min fødselsdag fordi jeg var for ærlig omkring mine selvmordsplaner.

Det kan være en utroligt reel angst for autister at ting ændrer sig, fx tiden. Ændringer er lig med uforudsigelig og anti-struktur og det er noget af det mange autister har sværeste ved. Jeg kender det fra mig selv da det var en af de større grunde til at jeg ikke ville leve mere alle gangene jeg har haft selvmordstanker. Det er for uforudsigeligt og anderledes og det kan autisme hjerner ikke lide.

En anden vigtig ting jeg også har lært når man har autisme er, at det er nemt at mistolke kroppens signaler. Personligt har jeg fundet ud af at jeg ofte siger "Jeg er så træt" til mine venner når jeg føler kropsligt eller mentalt ubehag, så jeg har lært at stoppe op og tage en pause når jeg føler mig "træt". Desuden kan det også være at man føler sig tørstig når man i virkeligheden skal tisse, eller føler sig sulten når man er søvnig osv. Det er skideforvirrende men hvis man finder ud af hvornår man mixer de signaler sammen, som jeg fandt ud af med træthed, så kan man lettere tage hensyn til hvad kroppen gerne vil.

En sidste ting jeg føler man glemmer lidt som højt fungerende autist er dét med kommunikation. Jeg plejede at synes at jeg ikke kunne forstå mennesker i det hele taget, men jeg har lært at det ikke er hele personen jeg ikke forstår, det er blot dele af dem som man som autist kan misforstå. Fx kommunikationsstil. Kommunikationsstile der kan være nemme at misforstå som autist kan være de lettere overfladiske, ligeglade eller autoritære kommunikationsstile. Disse specifikke måder at kommunikere på og tonefalds typer anser jeg oftere for at være aggressive, nedladende eller truende, dette er en ulempe og giver tit misforståelser. Dette er en vigtig ting for mig at huske så jeg ikke bliver nærtagende eller ked af det fordi jeg misforstår tonen jeg bliver talt til i.

Dét at få autismediagnosen var en underlig oplevelse. Jeg havde forinden haft utroligt travlt med at selvdiagnosticere og at finde flere diagnoser der kunne gøre at jeg følte mig syg "nok". Men når man er forkølet, er man allerede "syg nok" til at få hjælp og omsorg, jeg forstod bare ikke at det samme gjaldt med psykiske sygdomme. Jeg følte at når andre ikke kunne se dem, og se min lidelse, så skulle de i det mindste kunne se det på listen over mine diagnoser. Jeg troede at det var vejen frem til at kunne få den hjælp jeg sådan havde brug for, og jeg så slet ikke at min eksistens allerede var en byrde for mig, og dét er sygt "nok". Jeg ville blot have anerkendelse i min smerte og accept af mig som patient og hvad jeg havde behov for. Jeg trængte til medgang, ikke flere diagnoser. Dette forstår jeg nu, og ironisk nok har jeg nu nok diagnoser til at jeg knap nok behøver gøre noget for at blive taget seriøst. Jeg har dog oplevet, og oplever stadig til tider, at folk ikke mener at jeg er autistisk. Mine aller-tætteste venner og familie er dog ikke meget i tvivl. Og det er jeg heller ikke. Jeg får ofte ros for hvor meget selvindsigt og hvor gode sociale egenskaber jeg har, men dem der så mener at det er nok til at være neurotypisk (uden autisme) ved ikke at jeg græder når jeg hører folk smaske fordi lyden gør mine sanser bims, at jeg bider mig selv i kinderne uden at lægge mærke til det omkring min kat som "stimming" (stimming er en opførsel eller handlinger som neurodivergente mennesker gør for at selv-regulere) og de ved heller ikke at jeg som lille klemte mig ind i små steder for at føle mig godt tilpas med tryk over hele kroppen. Disse er alle sammen små autistiske ting, og der er mange flere, men det kan stadig være utroligt invaliderende, ikke at blive set for hvem man er, og blot blive set for sine højt fungerende aspekter og ikke svaghederne der også følger med. Autisme er et spektrum. Man kan være utrolig til fx tal, og slet ikke kunne socialisere sig. Jeg er blot handikappet på andre aspekter, men jeg ved med mig selv at der er en grund til at jeg fik min autisme diagnose, og det har lært mig så utroligt meget om mig selv, så nu er jeg ikke længere skamfuld eller i tvivl om at det er det jeg har. Nu kan jeg endda se det som en styrke.

En måned efter at jeg blev indlagt med selvmordstankerne bliver jeg udskrevet og tager hjem. Jeg havde forsøgt at tage mit eget liv og havde lagt flere planer, men hver gang jeg sad med det jeg kunne ende mit liv med: knive eller piller, så turde jeg ikke. Jeg blev bange og jeg frøs. Derfor blev jeg ikke anset som en fare for mig selv længere.

En sorg der fulgte med mig i mine unge år som psykisk syg, og som skyldtes min autisme var en ødelagt hukommelse.

Belastningsreaktion

Samtidig med autismediagnosen fik jeg diagnosen belastningsreaktion, som er et fint ord for stress, og hvis du eller nogen omkring dig har haft kæmpet med stress, så ved de formegentlig også hvordan den frarøver én, ens minder og også korttidshukommelsen. Jeg huskede ikke de seneste mange år og huskede pludselig ikke hvordan jeg havde fragtet mig fra rum til rum. Dette gjorde mig utroligt bange og jeg følte mig som en ufuldstændig personlighed fordi jeg havde et tomrum der engang var fuld af minder.

Dette var utroligt hårdt og jeg kom ikke af med hukommelsestabet før jeg blev 17 år gammel, og ved nu at hvis hukommelsen kniber lidt, så er det et advarselstegn. Men det vidste jeg ikke dengang og det betød at jeg havde stress i nok år til at jeg pludselig mentalt var yngre end andre på min alder, fordi jeg havde et hul i hukommelsen på cirka 8-9 år fra 6-15 hvor jeg næsten intet kunne huske. Kun få begivenheder. Så da jeg blev 18 fik jeg at vide af psykiatrien at jeg stadig var 14-15 år mentalt og at jeg havde misset en stor del af min ungdom som resultat af forhøjede stressniveauer og manglende hukommelse. Dette var en kæmpe sorg da jeg vidste at jeg aldrig ville kunne få de mistede år tilbage og måtte være yngre mentalt end mine jævnalrende.

Denne stress som egentlig var opstået på grund af en fortidig udiagnosticeret autisme, som gav mig hukommelsestab, var også årsagen til andre ting: Socialangst, fobier, hyppige angstanfald, påtrængende tanker, spiseforstyrrelse og vrangforestillinger, og indtil psykiatrien forstod at det var stressen der var kerneårsagen til alle disse "symptomer", så blev jeg behandlet for dem alle som var de deres egen kerneårsag. Jeg vidste på denne måde ikke hvad der var reelt et problem for sig, og hvad der var forårsaget af stress, og de startede en ond cirkel. Den onde cirkel fungerede således: Jeg blev stresset af mine omgivelser, jeg fik symptomer fx spiseforstyrrelse, jeg tabte mig, jeg havde mindre energi, jeg blev mere stresset. Den onde cirkel var med alle symptomerne, som selvforstærkede selvom jeg behandlede dem, for årsagen var jo stress forårsaget af mange år uden hjælp og støtte i forhold til min autisme blandt andet. Et andet eksempel på den onde cirkel var fx stressen som manifesterede sig som angst resultat af at have overforbrugt mig selv, som gjorde at jeg blev overstimuleret og sensitiv som gjorde mig sårbar, og endnu mere stresset.

Noget jeg ved den dag i dag er at når man har med stress at gøre er der kun 1 ting der fikser det. Og det er ro. Jeg ville hele tiden videre med livet og kunne alle de samme ting som alle andre på min alder, men i stedet måtte jeg blive hjemme det meste af tiden fra skole i 3 år og ikke tage til arrangementer. Det var dødssygt og jeg følte at jeg mistede mit liv og gik glip af så meget, hvilket jeg også gjorde, men det ødelagde mig virkelig.

Et smart hack jeg har lært når man har fået en diagnose som fx stress eller bipolar hvor der er forværrende faktorer, så kan det være en skidegod ide at lave et dokument med alle faktorerne der leder til forværring, men også advarselstegnene du har. I mit tilfælde så er mine advarselstegn at jeg laver utroligt mange aftaler, drikker og fester oftere, bruger flere penge og sover mindre. Det er supersmart at kunne give dokumentet til dem omkring en så de kan minde en om at man skal fokusere på at komme i ro igen. Det bruger jeg meget.

Jeg har lært mange hacks gennem årene til hvordan jeg kan navigere i at have så mange diagnoser. For eksempel kan det være utroligt svært at finde ud af hvad der er angst og hvad der er ADHD osv osv, og mange symptomer for 1 diagnose overlapper ofte 3 andre, så det er vigtigt at lære at mærke godt efter i sig selv og lære at mærke hvordan de adskiller sig fra hinanden da der kan være brug for forskellig behandling for forskellige diagnoser

Og så dét at have Autisme og ADHD på samme tid er som at have skilte forældre, ADHD'en vil lægge sig i seng, Autismen vil ikke lægge sig i seng før der er skiftet sengetøj, ADHD'en kan ikke tage sig sammen til at lægge sengetøj på før den har sovet, så i sidste ende ender du med at sove på sofaen.

En ting der har hjulpet mig utroligt meget og som jeg først forstod var godt da jeg være ældre, er at tage imod hjælpen der bliver dig givet. Vær ærlig overfor det psykiatriske system selvom det er pissenederen og måske kræver en indlæggelse, så får du den hjælp du formegentlig har brug for. Lad være med at stritte imod medmindre systemet behandler dig uretfærdigt, men prøv at have tillid til at systemet ved hvordan man hjælper bedst, og at der er muligheder der passer til lige netop dig. Det kan måske kræve at du skifter psykiater eller psykolog nogle gange før du finder det rigtige "fit" men hav tillid og vær ærlig. Så er det meget nemmere for fagpersonerne at tage sig af dig og give dig den hjælp, netop du har brug for. Også selvom du måske skal give dem flere chancer.

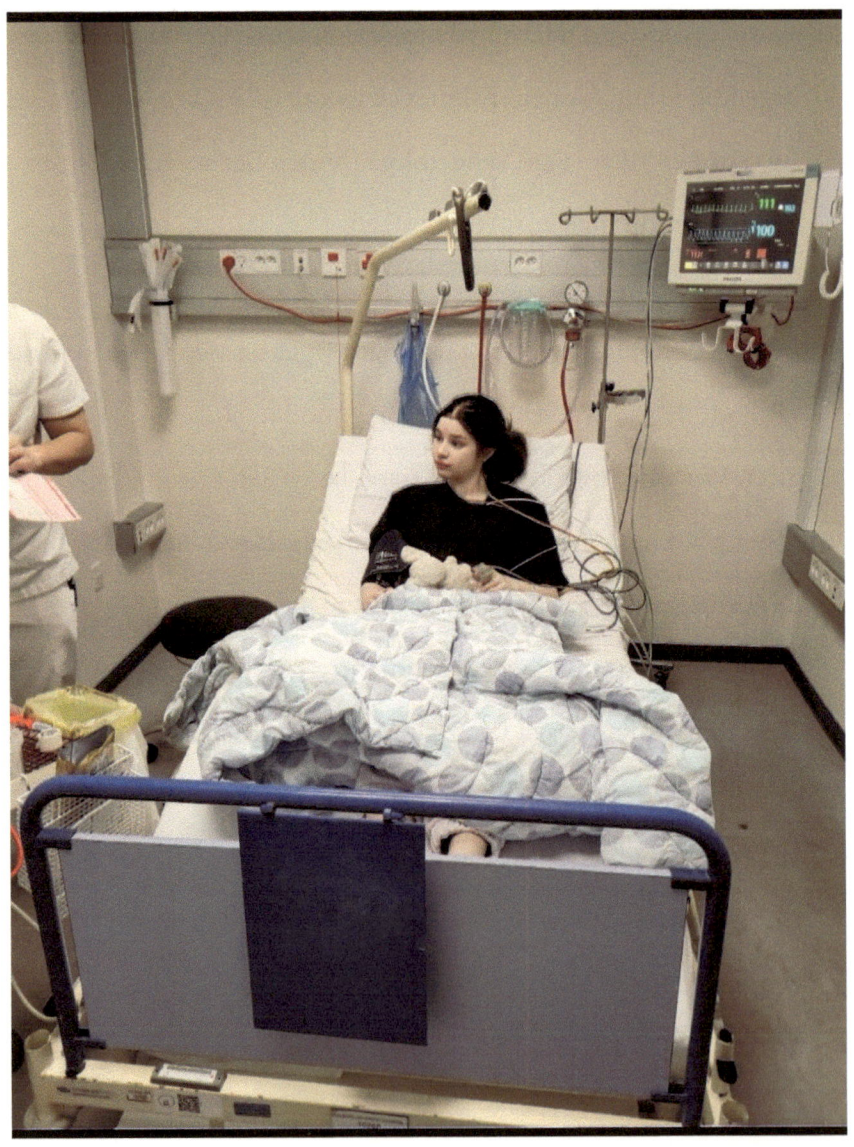

Forsøgene på at tage mit eget liv

Jeg havde lyst til at skrive en trigger warning på dette kapitel til eventuelle sarte sjæle, men besluttede at lade være, for selvom vi lever i en tid hvor folk kan være følsomme, så kommer livet ikke med en trigger warning, og dette er blot en del af min historie, en hård del, men en vigtig del.

Da jeg bliver 16 oplever jeg min første maniske periode.

Jeg startede et seksuelt forhold med min bedste ven uden at være klar, som jeg troede jeg var, og mine grænser blev overskredet. Da jeg sagde fra overfor ham, fortalte han mig, at jeg løj og ikke vidste hvad der var sket og ikke sket. Efter lange samtaler hvor jeg langsomt bliver brudt ned psykisk og tror mindre og mindre på mig selv, siger han at hvis det var sket, så havde han gjort det i søvne.

Jeg følte mig så usikker på, om jeg egentlig selv løj, men jeg huskede også at jeg sagde fra i momentet og fik at vide at han intet havde gjort. Jeg vidste heller ikke om folk ville tro på mig hvis jeg

fortalte det, og følte mig meget alene med tankerne.

Om aftenen er jeg utroligt deprimeret og pludselig får jeg en tanke.

På 15 minutter beslutter jeg at handle på tanken.

Jeg tager 5 gange den dødelige dosis af antidepressiv og lagde mig

ind for at sove hos min mor. Jeg ligger vågen indtil klokken 1 og

oplever den værste angst jeg har haft. Jeg troede at man ville dø

efter få timer af at have indtaget pillerne så jeg var utroligt skræmt,

og følte næsten jeg kunne se en timer der løb ud langsomt. Jeg

forstod vægten af at jeg skulle dø og at jeg muligvis ikke kunne

stoppe det.

Jeg ender med at vække mor og sige at jeg har taget pillerne. Hun

går i "fikse" mode, og pakker vores ting og kører på hospitalet. Jeg

er bange hele vejen og helt stille. Mor har et stramt udtryk og

spørger om hvor mange jeg tog. Jeg kan kun sige at jeg ikke er

sikker. "Bare en håndfuld" siger jeg, som om det hjælper.

Jeg husker ikke meget fra hospitalet. Jeg var fuldt bevidst og i højt

humør ved jeg dog. Jeg sagde nemlig til en mandlig sygeplejerske

som spurgte "Hvorfor tog du pillerne" at "Det var sgu da bare for

sjov" som en led joke. Jeg glemmer aldrig hvor skuffet et suk min
mor lukkede ud. Men jeg kunne da være ligeglad! Verden kunne
blive lukket op og skidt i for mit vedkommende. Jeg gav ikke
længere nogen fucks for hvordan jeg levede mit liv. Jeg havde brudt
den vigtigste af mine people pleasing regler. "ikke sætte dine egne
behov før andres". Og jeg havde lige taget det mest selviske valg der
fandtes, så nu kunne jeg ikke gøre noget værre mente jeg.

På denne indlæggelse ender min ven fra før med at skrive til min
mor at *han* har selvmordstanker og at hun skal hjælpe ham med det
samme. Jeg bliver stadig rasende når jeg husker dette faktum, og da
jeg læste beskederne. Her sad min mor, med en datter som havde
lagt sig ind ved siden af hende for at dø, og blev guilt-trippet til at
skulle hjælpe en anden som havde gjort hendes datter ondt. Det var
en forfærdelig situation at stille hende i. Men så sej som hun er
skrev hun til ham at han måtte finde noget professionel hjælp og at
han skulle stoppe med at kontakte hende.

Efter et døgn på akutmodtagelsen og et besøg fra far og Dorthea
blev jeg sendt videre til børnepsyk for 3. gang. Man skal være
indlagt i 24 timer efter et selvmordsforsøg mindst, og en regel

havde jeg besluttet at benytte mig fuldt af. Jeg skiftede humør med det samme jeg kom ind på BU1 og var smilende og glad men virkede også fornuftig i mine samtaler med psykiaterne og sygeplejerskerne om at det var et "uheld" og en "impuls" fordi jeg var ked af det.

Og de fucking troede på det.

24 timer senere og med psykiatriens skønne morgenmad i maven var jeg ude igen.

Min mor var bange. Jeg skulle jo hjem og bo hos hende igen og hun stolede ikke så meget på mig som psykiaterne gjorde, hvilket egentlig var klogt nok. Vi tog en tur til København for at få noget tøsehygge og glemme hvor ubehageligt de seneste oplevelser havde været og jeg nød dagene på det luksuriøse hotel i hovedstaden.

Jeg nød dem inderligt, fordi jeg vidste at disse ville blive de sidste dage på jorden. Og jeg ville nyde tiden sammen med min skønne mor fordi hun fortjente nogle gode sidste minder med mig.

Dette vidste hun selvfølgelig intet om.

Da vi kommer hjem igen, tager hun på arbejde et par timer og siger at hun vil være hjemme efter kort tid. Jeg bruger disse timer på at panisk søge efter resten af pillerne. Jeg leder og leder og finder dem

ingen steder. Så går det op for mig at der er 2 steder jeg ikke har

ledt. Skuret og bilen.

Og bingo. Jeg finder pille kassen i bilen med det hele i, og skynder

mig at fylde en æske med antidepressivt uden at flytte på bøtten så

det lignede at det var urørt. Jeg hamstrer dem og gemmer dem i

min makeupskuffe.

Jeg tager dem først hen ad eftermiddagen.

Så endnu en håndfuld.

Jeg begynder denne gang at få det rigtig dårligt, jeg får svedeture,

koldsved, sløret syn, ondt i maven og hoved, rystelser i hele kroppen

specielt hænderne og en sindssyg mængde kvalme.

Jeg får mere og mere angst senere hen ad eftermiddagen på trods af

de hyggelige familiespil vi laver, og jeg kan kun tænke at det er en

rar aften at dø på. Men jeg husker også at jeg mangler at få set min

far en sidste gang. Grædende må jeg fortælle min mor at jeg savner

min far og gerne vil have besøg af ham lige med det samme og at

jeg er angst. Hun lader ham komme over og da jeg ser ham, falder

min mave helt til ro. Nu kunne jeg få sagt farvel og bruge noget af min sidste tid (Hvor lang tid den end ville tage) med min elskede far.

Vi sidder på sofaen sammen, mig med hovedet på hans skulder og ham der nusser mig i håret med hans store ru hånd. Jeg bliver rørt da jeg skriver dette fordi jeg slet ikke havde fattet hvor ondt det ville komme til at gøre på mine forældre blot timer senere da de har mig indlagt for selvmordsforsøg for 2. gang på en uge. Og da jeg elsker dem så ubeskriveligt højt, gør det ondt at genleve så smertefuld en oplevelse, hvor ensom og bange jeg var og hvor uvidende min familie var om at deres 16-årige datter og søster lige havde taget 8. gange den dødelige dosis antidepressivt.

Da far var taget hjem, gik jeg ud og tog en håndfuld piller mere, jeg synes ikke det kunne gå hurtigt nok.

Jeg gik i seng et par timer senere og havde lært af sidste gang at man ikke blot dør efter 3 timer når man har taget pillerne (Som jeg så naivt havde håbet) Men at det kunne tage lang tid, så denne gang holdt jeg kæft.

Jeg ender med at gå ind og sove hos min mor da min angst og fysiske symptomer blev voldsommere. Hun kunne ikke sove for mine rystelser og bevægelser da jeg ikke kunne falde til ro, så hun begynder at blive mistænksom. Hun spørger mig om jeg har taget piller. Jeg siger nej. Hun spørger mig om jeg har taget pillerne "*for alvor*" og så må jeg tøve.

Jeg er vokset op med højt og helligt at man ikke må lyve med for alvor. Det er en slags safe word når det er svært at tyde hvad de andre mener.

Jeg ender med at bryde vores safe word og sige at "Nej" jeg havde ikke taget pillerne. Jeg vidste at jeg løj og dét havde jeg det værre med, end at jeg var i gang med aktivt at ende mit eget liv.

Efter noget tid kunne hun ikke dy sig, og endte med at gå ud og tjekke pille bøtterne. Hun stod og talte over flere omgange, mistroisk. Og til sidst sagde hun, "Laura der mangler over 80 piller her. Har du taget dem?" Og så måtte jeg give mig, hun var jo ikke dum desværre. "åh lille Laura dog." sagde hun og krammede mig. Vi gik sammen ud og pakkede en kuffert med ting jeg ville få brug for på hospitalet og psyk og kørte derefter på hospitalet for anden gang.

Mor skrev til far og fortalte også min lillebror at vi skulle på hospitalet, men som den lille båtnakke han var sagde han "Nej tak, jeg vil sove videre" Så det fik han altså lov til.

På hospitalet fik jeg en privat stue (autisme privilegie) og blev lagt i seng imens der blev taget blodprøver hver anden time og blodtryk hver time.

Helvedet begyndte først efter nogle timer da jeg får rhabdomyolyse (meget fancy ord) som blot betyder at mine muskler begyndte at ødelægge sig selv. Det var noget af det mest smertefulde jeg har oplevet. Jeg fik drop fordi jeg intet kunne drikke og fik 10 liter ind på en enkelt dag for at rense mine nyrer så jeg ikke skulle i dialyse, men samtidigt kunne jeg ikke røre en eneste muskel. Det føltes som at have trænet hårdt i flere uger x100. Selv bare at blinke og smile gjorde ondt. Min hvilepuls var på 138 og min kreatinkinase (markør for hvor meget musklerne ødelægger sig selv) som skulle ligge på maks 250, lå på 16.500 så jeg havde så meget muskelødelæggelse at mor måtte køre mig rundt i kørestol med drop rullende ved siden af. Jeg følte mig meget sølle her, men følte mig også endelig syg "nok" da jeg så hvordan folk kiggede når jeg kom rullende forbi.

På den gode side var der virkelig god hospitalsmorgenmad, og jeg kunne hele tiden spille "Jeg er stakkels" kortet, eller "Jeg er selvmordstruet, det er synd for mig" kortet så jeg kunne få flere nutellaer. Det var skidesmart.

Familien tog det, trods alvoren i situationen, ret pænt og med god sort humor så vi alle kunne føle os lidt bedre tilpas trods den traumatiske situation.

Selv min lillebror var mere involveret med mig end nogensinde før. Han hentede vand til mig, lavede underholdning i form af at gribe pomfritter med munden, og at ligge hos mig med hovedet på min skulder imens vi så alle Harry Potter filmene i streg. Her startede vores venskab med at blomstre for første gang i 12 år.

Efter hospitalsindlæggelsen som trods alt var alvorlig nok til at have mig der i en uge, tog vi videre over til BU1 for 4. gang. Her lavede de ansatte jokes med mig om at "Nå det var da hurtigt vi så dig igen" eller "prøver du at slå rekorden for flest indlæggelser på et år?" osv. Det var skønt, for jeg havde fået at vide af mor at hun ikke turde få mig hjem igen i lang tid så jeg var i forfærdeligt humør da jeg ankom. De lettede stemningen lidt dog.

Indlæggelsen her varede ca. 5 måneder, og det var de mest forfærdelige 5 måneder af mit liv. Jeg håber aldrig jeg skal igennem det igen. Jeg har aldrig været så deprimeret før.

Jeg fandt nogle noter der beskrev mit stemningsleje ret godt,

Her skriver 16 årige mig:

"Der er ingen der kan forstå hvorfor jeg vil dø, og de synes alle sammen at den socialt konstruerede ide om at man skal leve indtil man dør af alderdom eller sygdom (og efter andres behov) er vigtigere end det simple faktum at jeg aldrig har bedt om at blive født, og ikke burde blive holdt fast til livet imod mit eget ønske. Verden har bare bildt sig ind at livet er denne fantastiske ting, men i virkeligheden er det hele slut og glemt om nogle år, så hvorfor fanden skal jeg lide sådan, og gå igennem alle de menneskelige følelser og dilemmaer, når vi bare kan sige farvel? Jeg vil jo ikke opleve ting ændre sig og se mine forældre dø en dag. Tænk hvis jeg fik livsglæden igen og så fik stadie 4 kræft? Det er sgu da egoistisk at bede en der lider om at blive for familie og venners skyld, det svarer til at holde et dødssygt og lidende kæledyr i live i stedet for at aflive det. I mit hoved betyder vi her på jorden lige så meget som et sandkorn i forhold til universets uendelige størrelse. Der har været trillioner af mennesker før os og der vil komme ligeså mange efter os. Selvom døden har konsekvenser for vores nærmeste, så er de alle døde om små 100 år, og så er det glemt igen, større er det ikke."

Den dag i dag har jeg meget at sige til dette, og jeg kan komme med modsvar til det hele, det handler absolut bare om hvilket mindset man sidder i, på dette tidspunkt kunne jeg på ingen måde se noget lyst overhovedet og jeg kunne argumentere mig ud af alle samtaler om en lys fremtid, men nu kan jeg argumentere mig ud af alle samtaler om at livet ingen værdi har og at det er egoistisk at beholde en lidende person i live. Fordi selvfølgelig er det egoistisk. Ingen skal lide, men det er også egoistisk at påføre en livslang smerte til dem omkring en. Depression forvinder ikke når man begår selvmord, den gives blot videre til dem der holdte af dig, og forhåbentlig elsker du dine nærmeste nok til ikke at påføre dem den smerte. Og ja vi betyder næsten ingenting i forhold til universet, men i forhold til vores lille by, og vores lille familie og min relation til hver af mine familiemedlemmer og mine tidligere minder og fremtidige mål så er de små ting også små uendeligheder. Små uendeligheder af muligheder, af kærlighed, af viden og af oplevelser. Og det er egoistisk at holde den lidende person i live, ja, men hvis der er blot en minimal chance for at vedkommende skal igennem en måned, et halvt år eller et par års healing, før de kan finde livslysten og leve mange mange flere år, lykkelige og taknemmelige for at have fundet livslysten, hvem ville så nogensinde give op på at kæmpe for deres kæres velvære og livslyst? Og måske er det et egoistisk valg på daværende tidspunkt, men vedkommende vil være uendeligt taknemmelig over at nogen tog kampen for dem da de var svagest. Jeg ved det, for jeg er vedkommende.

Desværre havde jeg det konstant således igennem de næsten 5 måneders indlæggelse, og hvad værre var, så kom min spiseforstyrrelse tilbage for fuldt drøn. Jeg tabte mig 10 kilo fra mit i forvejen tynde jeg, og min mor havde svært ved at se på mig, og kaldte endda min krop ulækker. Den kommentar skammer hun sig dog over og hun har undskyldt. Jeg fastede i flere døgn indtil jeg besvimede på gangene af psyk hvor jeg kun kan huske at høre lyden af voksne sygeplejersker der ringer over til akutmodtagelsen og siger at jeg er koldsvedende og ligbleg og tager blodtryk samt trykker mig i hænderne for at vække mig. Det var så forfærdeligt, og dét at have intet at stå imod med, og ingen næring til hjernen, gjorde mig bare endnu mere deprimeret og aggressiv. Dette var en ond cirkel som jeg havde utroligt svært ved at komme ud af. Samtidig med dette fandt jeg ud af at når personalet på psyk tvang mig til at spise, så kunne jeg kaste det op igen. Det startede som et forsøg på at overkomme min angst for at kaste op ved at gøre det på en kontrolleret måde, men da jeg fandt ud af at jeg var ret god til det blev jeg hurtigt afhængig. Bulimien tog så meget til at jeg ofte havde mareridt hvor jeg drømte at jeg spiste et stort måltid uden at have mulighed for at kaste det op. Når jeg vågnede derefter, måtte jeg nogle gange gå ud og kaste op for angsten der fyldte i kroppen og følelsen af at jeg manglede at kaste op, gjorde mig lam indtil jeg havde fået det "fikset". Bulimien var desværre noget jeg tog med mig videre fra indlæggelsen på psyk, og jeg døjer stadig med det til tider den dag i dag.

Da de 5 måneder næsten er gået, siger Helle min psykiatriske

sygeplejerske og kontaktperson: "Hvorfor vil du egentlig dø?"

Jeg giver hende den sædvanlige diskussion med de samme

argumenter som altid men så spørger hun: "Nej. Jeg mener, hvorfor

vil du dø lige nu?" Jeg tænker lidt og så fortsætter hun: "Der er jo

ingen der siger at du ikke må dø om 10 år hvis alting stadig føles

træls dér, men hvorfor giver du det ikke et sidste skud? Jeg kender

nogen stykker der har haft det ligesom dig, som gav livet 1 enkelt år

mere og gjorde alle de ting de gerne ville opnå, og så ville de tage

beslutningen dér."

Det slog klik for mig. Skidesmart! Jeg regnede på ingen måde med

at være i live i mere end et år, men jeg satte mig med det samme og

skrev en bucket list på over 100 ting: at få en kronegekko, at

svømme med delfiner, tage på festival, få kørekort osv osv. Og sådan

startede det, at jeg valgte at give livet en sidste chance, og at tage

livet på en prøveperiode.

At finde mig selv igen

Når jeg tænker over hvorfor jeg valgte livet igen så er der 3 klare grunde.

1. Et tiltalende tilbud
2. Familien
3. Lille mig

Tilbuddet jeg fik, var en øjenåbner af en sygeplejerske på BU1 ved navn Helle. Helle var som en ekstra mor for mig derinde og var vidunderlig igennem mine 5 måneder. En dag satte hun sig med mig efter flere psykiatere og mine forældre havde givet op på min trivsel og sagde:

"Laura, har du nogensinde overvejet at det med at begå selvmord ikke løber nogen vegne?"

Jeg tænkte lidt over det, og så siger hun:

"Jeg har et forslag: Hvad med at du bruger et år, eller et halvt år, på at leve lige så meget du kan, gøre alle de ting du gerne har villet i dit liv, oplever kærligheden, ungdomslivet osv? Og så kan du aldrig se på bagefter om livet stadig intet er værd for dig?"

Genialt, jeg kunne gøre alt muligt fedt og så begå selvmord *bagefter, tænkte jeg.*

Jeg blev udskrevet efter 2 ugers tænkning og de 5 måneder i alt og det er vist safe to say, at jeg ikke endte med at begå selvmord bagefter. Hvad jeg fik ud af livet på det ene år, var det smukkeste jeg nogensinde har prøvet og jeg har været på *sådan* en rejse. Jeg har fået den skønneste og mest kærlige vennegruppe nogensinde, jeg har oplevet kærligheden, ungdomslivet, at få kørekort, gå fuldtid i skole, få en kat, rejse, komme på gymnasiet og mange andre ting. Dette var den største grund til at jeg valgte livet, det var så tiltalende, at jeg blev nødt til at prøve. Og desuden var jeg ret træt af at være indlagt efterhånden.

Nummer 2 siger sig selv. Jeg kunne se hvordan min sindstilstand, sled på min familie og jeg har så meget kærlighed og people pleasing i mig, at det var utroligt svært at undgå at bukke under for deres ønske om at se mig blot forsøge at trives. Og jeg vidste også at depressionen, jeg oplevede, blot ville blive sendt videre til min

familie når jeg døde, og det ønskede jeg ikke for dem.

Og nummer 3, lille mig.

Jeg har megen kærlighed til lille mig.

Når jeg ser billeder af mig selv, vælger jeg at se hende som en anden person. Så er det nemmere for mig at have medfølelse og ikke at hakke ned på mig selv. Jeg kigger ofte på dette billede når jeg trænger til et reality-check og skal tale pænere til mig selv, for hun fortjener at blive talt pænt til.

Hun fortjente alt og meget bedre levevilkår end hvad der blev hende givet og jeg har utroligt meget kærlighed til lille mig, som ikke vidste noget om psykiske diagnoser, selvmord eller mistrivsel og ikke forstod hvorfor hun var anderledes end andre. Derfor vender jeg tit tilbage til det her billede for at give mig selv lidt omsorg, og at huske på at hun er en del af mig nu og at jeg skal passe godt på hende.

Da jeg besluttede at give livet en chance igen havde jeg ikke store forventninger. Jeg tænkte, at jeg havde pillerne klar så snart mit forsøg på livet fejlede igen. Men åh, hvor tog jeg dog fejl.

Jeg startede med at tage kørekort 2 måneder efter udskrivelsen og at komme tilbage i skole. Begge dele var utroligt hårdt, men dog også inspirerende og noget der har gjort mig til den selvstændige person jeg er i dag.

Min kørelærer var gammel frømand, marine og motorcykel bandemedlem. Han var ordentlig badass og jeg så mega meget op til ham. Han sagde en dag "Laura du skal stoppe med at have din mor til at styre alt papirarbejde og at køre dig frem og tilbage, du kan jo godt selv." Det tænkte jeg utroligt meget over. Selvfølgelig var det sødt af min mor, at hun med det samme ville hjælpe mig, så det blev så nemt som muligt, men her var der en der faktisk troede på mig. Jørgen var virkelig cool, og han lærte mig at bygge min selvtillid op med kommentarer som "Du ka jo godt." Jeg bestod så også både teoriprøve og køreprøve i første hug, og klarede en tur til tysklands grænse med mit kørehold, som min mor ikke troede, jeg ville kunne klare. Jeg følte mig så sej. Den første af mine venner til at få kørekort.

Det at starte i skole på VUK (skole for unge med handikaps eller skolevægring) igen var noget af en oplevelse. Dagen jeg kom tilbage, ventede mine piger på mig, og det var en varm velkomst.

Alle var så fantastiske til at tage imod mig. Selv lærerne var så skønne. Jeg startede hurtigt og problemfrit op igen og fik udelukkende 10 og 12 taller i skolen, samt nu havde jeg mine forevigt bedste veninder: Siff, Johanne og Joanna som jeg aldrig vil af med igen. Det eneste der var utroligt svært for mig var at balancere at skulle være i skole igen samtidig med egentlig at stadig sidde i en depression og til tider stadig selvmordstanker. Selvom det akademiske var nemt for mig var fremmøde ikke nemt de første mange måneder. Det hjalp dog at have mine piger til at motivere mig og snakke med, og også dét at VUK er så fantastisk en skole at der blot var fokus på at jeg dukkede op. Hvis jeg havde en rigtig øv-dag så måtte jeg sove inde i sofaen indtil skole var slut og så var lærerne stolte over at jeg blot var kommet afsted. Dét at have så opbakkende og motiverende lærere og sådan et trygt og roligt sted med rare og velkendte omgivelser. Jeg havde desværre mange øv-dage til at starte med, men efterhånden blev de til færre og færre, og til sidst gik jeg i skole på fuld tid. Det var en kæmpe udvikling fra at have været pigen der sad i hjørnet uden at snakke med nogen, og som kun kom i skole en time om ugen sammen med min mor, til at jeg var pigen der kunne holde til et fuldt skema, fik 10 og 12 taller i alt hvad jeg rørte ved og snakkede med alt og alle. Og jeg havde venner. Skønne venner som virkelig hjalp mig igennem året.

Min spiseforstyrrelse forbedrede sig også markant. Jeg har kun problemer med bulimien til tider hvor jeg er stresset nu, men anoreksien er der næsten ingen problemer med. Jeg har taget al vægten på igen som jeg tabte under indlæggelsen og mere til. Jeg vælger dog stadig at sige at jeg har anoreksi hvis nogen spørger fordi en spiseforstyrrelse er ligesom stofmisbrug eller alkoholisme. Selvom du har været "clean" så er det indbygget i din hjerne som en coping mekanisme, og derfor vil du i svære situationer stadig kunne bukke under og gå tilbage til det du kender - nemlig spiseforstyrrelsen, så ligesom man siger "Jeg er alkoholiker men har været ædru i x antal måneder" Så siger jeg at jeg er anorektisk men har været velbefindende i noget tid.

Jeg har valgt at inkludere disse billeder at mig midt i spiseforstyrrelsen hvor jeg stadig mente at jeg var tyk, og fra nu hvor jeg har taget meget på, men oftest er tilfreds fordi jeg vælger at værdsætte alt hvad min krop gør for mig. På det første billede

vejede jeg lige knap 51 kg og nu vejer jeg 68 kg. Selvom min

spiseforstyrrede hjerne hellere vil have mig til at ligne de første

billeder, så er jeg så taknemmelig for at jeg

har den størrelse jeg har nu. Min krop giver mig nu energi, den

giver mig evnen til at fokusere, at løbe og at gå ture i normale

mængder og til blot at være glad.

Min syge hjerne ville have mig til at ligne et skelet, og ikke engang dér var den tilfreds.

Det skal lige siges at mit 'syge jeg' ikke er hvordan alle ser ud, nogle er større nogle er mindre end jeg var og det er komplet irrelevant hvordan man ser ud, det relevante er sygdommens fylde i hovedet og i hvor slem en grad man har det, og når jeg kigger tilbage føler jeg slet ikke at jeg var tynd nok i forhold til hvad min sygdom fyldte. Min familie derimod synes at jeg var alt for tynd dengang, men det er nok bare min stadig syge hjerne der ville ønske at jeg havde formået at komme under 50'erne i kg. Jeg er stadig syg selvom jeg er sund nu, spiseforstyrrelse går aldrig helt væk. Det er som en afhængighed som popper op når man er stresset eller ked af det osv.

(Det skal også lige siges at jeg er poseret på de 'sunde' billeder, sådan ser jeg ikke ud når jeg lige har spist et stort måltid eller når jeg står på andre måder.)

Øverst i midten er et billede på mit laveste. Jeg deler det som en informativ kilde og ikke for at skræmme. Eller jo, måske lidt for at skræmme, for alle burde være bange for hvad spiseforstyrrelse kan gøre ved en, og sørge for at få hjælp i god tid inden så det ikke skal blive en kamp der kan tage flere år. Det skal være så skræmmende at man ikke som ung pige får lyst til at prøve kræfter med at ligne Victorias secret modeller, for det er ikke realistisk og det er på ingen måde sundt. Hverken fysisk eller psykisk, og du bliver aldrig tilfreds eller glad på den måde, du skyder bare dig selv i foden ved at prøve at opnå en illusion af en glæde. Dette har jeg lært nu, og det betyder at jeg ikke længere sidder fast i en ond cirkel der lyder på et afkræftet jeg, angst, kropsdysmorfi til voldsomste grad, depression og undervægt. Det var en hård lektie at lære at få under kontrol men det er noget jeg har mestret nu. Noget jeg aldrig troede jeg ville have kræfterne til at forsøge at mestre, og havde jeg endt mit liv da jeg forsøgte, havde jeg aldrig set hvordan jeg nu trives i at være mig, og at være i min krop. At føles mig veltilpas at føle mig smuk og at elske min krop for alt den gør for mig.

Smukke ting ved livet

Og nu hvor jeg er kommet længere med at være livsglad, kan jeg sige at også de små glæder tæller, og er vigtige at samle på til næste gang man får en nedtur, så jeg har her givet et par eksempler på hvad der gør mig glad og givet dig muligheden for at skrive 10 ting selv, som skal huske dig på at livet er kostbart og værd at leve.

- at lære at elske sig selv og at kende sig selv
- lange gåture hvor man plukker blomster
- at se en ny film som bliver ens ynglings film
- lange kram med nogen man holder af
- At finde nye interesser
- At møde nye folk som accepterer dig ligesom du er
- At være sammen med venner som elsker dig
- At spise sin livret
- At genleve gode barndomsminder - fx at blæse bobler

- At opleve kærligheden

- Dybe samtaler med mennesker man ser op til

- At opnå milepæle som fx bucket list ting

- At få eller tilbringe tid med et kæledyr

- At ligge under en varm dyne

- At gå i biografen

- At lære noget nyt brugbar information

- At spise slik eller kage

- At være fuld uden at være *for* fuld

- At være i forlystelsesparker

- At se på dyr i zoo eller i kæledyrs butikker

- At drikke et glas vand når man har været tørstig længe

- Øjenkontakt med en man elsker

- At blive nusset i håret eller på ryggen

Tilføj dine egne Her:

1.
_____

2.
_____

3.
_____

4.
_____

5.
_____

6.
_____

7.
_____

8.
_____

9.
_____

10.
_____

Tab af identitet og kontrol

Da jeg var 11 år gammel, skrev jeg i min dagbog at jeg havde 2 identiteter. En glad og en trist. Jeg synes ikke at lægge mærke til at andre havde det på samme måde og det gjorde mig ked af det. Den så nogenlunde sådan ud:

Glad: Overskud, spiser meget, glad hele tiden, har legeaftaler ofte, sover lidt, gør ting for andre, lægger planer

Trist: Intet overskud, sover hele tiden, rodetanker, gider ikke snakke med veninder, ingen legeaftaler, sur på mig selv, føler mig tyk

Lille Laura vidste på ingen måde at det var meget tidlige bipolare symptomer.

Efter udskrivelsen fra den 5 måneder lange indlæggelse, endte jeg med at blive indlagt en 5. og sidste gang. Dette var en tvangsindlægning og jeg husker det som var det i går.
Jeg kommer ind til Sonja, min psykiatriske sygeplejerske, med mor, og da vi har snakket lidt sanser jeg en undertone af at jeg ikke skal

hjem igen efter. De fortæller mig at jeg har det for dårligt til at bo

hjemme og at de vil foreslå en indlæggelse. Jeg siger jeg ikke vil

med og så må jeg spørge "Har jeg overhovedet noget valg?" og det

havde jeg så ikke. Da jeg så spørger hvornår jeg skal afsted siger de

"efter denne samtale." Jeg græd og tiggede til snottet løb ned af

hagen på mig, og tårerne ned af kinderne. Jeg følte mig så forladt

og forskrækket over hvor hurtigt beslutningen var blevet taget. Jeg

stortudede derinde og på vej ud derfra, fik kun lov til at komme

hjem for at pakke en taske og så tage ind på det velkendte BU1. Jeg

var indlagt i en uge indtil det blev fastslået at mine stressniveauer

var under kontrol og så måtte jeg komme hjem igen. Inden da når

jeg dog at opleve endnu en mani. Jeg husker ikke meget fra den (Da

man sjovt nok smelter sin hjerne igennem en mani), blot at jeg

pakkede en taske og valtsede ud mod fordøren til den psykiatriske

sengeafdeling, på vej til togstationen for at tage til aarhus. Da jeg

bliver stoppet af medarbejderne spørger de "Har du overhovedet

penge med til turen?" "Hvad ville du lave derhenne?" osv. Og det gik

op for mig at jeg intet havde tænkt på. Dette vidste jeg ikke på daværende tidspunkt var en mani, men har nu fundet ud af at det var starten på den bipolare lidelse, jeg har den dag i dag.

Da jeg bliver 18 skal jeg til at lære mange ting. Hvordan man selv ringer til lægen, at have ansvaret for egen bank, økonomi og sundhedstjek, selv at skulle svare på mails fra kommunen og alverdens andre ting. Det var hårdt i sig selv, men det hårdeste var, at sige farvel til børnepsykiatrien, som jeg efterhånden havde været i, i 8 år, og at skulle videre til voksenpsykiatrien. Alt hvad jeg havde lært om mig selv, alle strategierne jeg havde mestret om mine diagnoser og hele mit sygdomsforløb som havde lært mig så utroligt meget om livet og mig selv, var pludselig fortid, og blot en del af min hukommelse. Nu var det tid til at starte op på voksenpsykiatriens afdeling. Jeg var blevet henvist af min dejlige børnepsykiatriskesygeplejerske Sonja, som jo var som en mor eller bedstemor for mig efterhånden. Og hun havde henvist mig med mistanke om bipolar affektiv sindslidelse. Hun havde før sagt til mig at det bekymrede hende med mine symptomer, men at hun ikke kunne udrede mig da det er en diagnose som oftest udfolder sig i de tidlige voksen år og så bliver værre jo ældre man bliver hvis man ikke er medicineret eller har fået terapi.

Da jeg officielt skal begynde min udredelse, snakker jeg med flere om det. Min psykolog, Sonja, min mor osv. Sonja sagde blot til mig at hun på ingen måde håbede at jeg var bipolar for det ville lede til et meget hårdt liv. Min psykolog var også meget bekymret og sagde at hun ønskede for mig at det var en mistanke og ikke en realitet. Min mor derimod sagde at jeg på ingen måde var bipolar fordi hun havde set de 'rigtigt' bipolare på arbejdet og de havde det meget værre end mig. Hvad hun ikke tog med i den udregning var at jeg jo var frisk og ny voksen som blot kunne starte på at have de mildere bipolare symptomer, og at hun desuden som akutmediciner, så de bipolare patienter i deres værste og mest sårbare momenter. Jeg blev vred, for hun forstod ikke at jeg følte at jeg mistede mig selv i depression, så følelsesløshed, og så en hurtigt kørende spiral hvor jeg ikke kunne genkende mig selv bagefter. Det skræmte mig, og hun sagde at jeg ikke havde det "slemt nok". De var trigger-ord for mig da jeg havde hørt dem flere gange da jeg var spiseforstyrret, angst og deprimeret. Enten af mine egne tanker, eller psykiatriens medarbejdere som jeg ikke kunne lide så godt af denne grund. Jeg følte nu at jeg skulle kæmpe for at føle mig hørt og at jeg ville have diagnosen, blot for at bevise noget overfor min mor. Da jeg kommer ind på afdelingen for bipolar, møder jeg en psykiater ved navn René. René ser venlig ud og ligner lidt en onkel med hans vest, briller og mere robuste form. Vi snakkede i 45 minutter om mit liv indtil nu og mit sygdomsforløb, samt episoder der havde virket out-of-character for mig. Da de 45 minutter slutter siger han: "Jeg er faktisk ikke så meget i tvivl om at du er bipolar, Laura." Og så begyndte han meget hurtigt at snakke om hvad der skulle ske efterfølgende. Både mig og mor var lamslåede, hvordan kunne han høre min livshistorie i forkortet version og så bare vurdere uden videre at jeg skulle have endnu en livslang diagnose på mig? Var han overhovedet sikker på at det var dét der var galt med mig? Pludselig føltes det ikke som en kamp der skulle vindes, at få diagnosen, fordi jeg havde følt mig anderledes end de diagnoser som tidligere var blevet mig stillet, og fordi ingen havde troet på mig når jeg sagde at jeg havde mistanke om bipolaritet, nu føltes det som enden på verden.

Efter samtalen går vi ud, og mor begynder næsten at græde. Jeg

havde lyst til at gøre det samme, men jeg kunne ikke. Jeg var så

forskrækket over at mit liv kunne ændre sig på sølle 45 minutter, og

at jeg nu skulle forholde mig til en livslang diagnose, af en kaliber

jeg ikke havde oplevet før. Noget der ville tage fra mit ungdomsliv,

mere end min angst og stress allerede havde, og som blot ville blive

værre med alderen hvis ikke jeg passede grundigt på.

Da jeg kommer hjem og fortæller det til min daværende kæreste,

græder vi sammen. Det var trygt at ligge i hans arme og blot at

skulle tænke over den voldsomme tristhed jeg følte på daværende

tidspunkt og ikke hele min fremtid.

For bipolar sindslidelse er en sorg. Lige såvel som en slags kræft, så

æder den dig op, ødelægger dine relationer, tvinger dig ned i knæ

og sørger for at dit liv aldrig vil se ud på samme måde igen. Det er

en stor sorg, og det er vigtigt at sørge over, for hvis man ikke sørger,

kan man ikke komme videre til det næste stadie, som er accept.

Men det er en sorg at opleve et split i sin identitet, for jeg har lært

at ligegyldigt hvad jeg skriver til mig selv når jeg er manisk, tigger og beder om at maniske jeg skal stoppe op og se sig omkring, og se hvad hun gør ved hendes medmennesker og sig selv, så vil hun forevigt være ligeglad. Hun kører 200 km/t i en byzone, og har ingen intentioner om nogensinde at trykke på bremsen. Ikke engang en lillesmule. Og når hun ser tilbage på hendes venner og familie bliver hun blot irriteret over at de ikke er nået så langt frem som hende, og ikke vil træde speederen i bund. Og derefter kan hendes medmennesker blot se på imens hun hamrer direkte ind i en mur med de 200 km/t og så skal de samle stumperne op. Det er skræmmende. Og ingen ord kan hjælpe depressive mig, fordi depression gør at man aldrig føler at man har oplevet lykke, og at alle lykkelige minder er irrelevante eller overskygget af den følelse man sidder med i kroppen. Det er en ødelagt identitet, og jeg føler at det er svært at finde et midterpunkt imellem depressive, normale og maniske mig. Og det er svært at have et handikap af denne slags, for mange oplever ikke ens mani og depression som så voldsomme medmindre man direkte skader andre. Men det er oftest ikke andre man skader. Det er en selv. Men psykiske sygdomme er som en splint i foden, selvom man ikke nødvendigvis kan se den, så er den der, og den gør fandens ondt for hvert skridt man tager.

Det er svært at have bipolaritet sammen med umedicineret ADHD. Jeg oplever stadig at jeg kan have svært ved at finde ud af om symptomerne er tidlige mani-symptomer, eller om det blot er ADHD der blusser lidt op. Det kan minde utroligt meget om hinanden og ofte kan det også udadtil være svært at differentiere mellem hvad der er manisk adfærd og ADHD-hyperaktivitet. Man kan dog nogen gange selv mærke forskellen.

Hvis man selv har svært ved at mærke forskellen kan det være vigtigt at menneskerne omkring en kan se symptomerne på en mani tidligt og hjælper med at få sat hjælpemidler i gang da man som bipolart individ kan have utroligt svært ved at se det selv, og acceptere at man er syg. Jeg har min mor til at holde øje med mig, og hun er efterhånden blevet ret skarp til at se hvornår en mani er på vej.

Noget jeg har lært der er godt at vide når man er kørt af sporet med sin mani er dette: Jeg har to muligheder men har kun haft held med den ene. Man kan skrive en "fredsaftale" når man er i normalt stemningsleje hvor man skriver et dokument med underskrifter fra den syge og familien om hvad der skal ske når personen er manisk og det bliver for voldsomt. Det er dog vigtigt at personen med bipolar er enig i reglerne der bliver sat, ellers virker det ikke når de er maniske. Desuden kan man skrive et brev til sit maniske jeg, hvor man beder ens pårørende om at give det til en når man er manisk og læse det. Så kan der stå noget med grundende til at bremse op selvom det føles superfedt at køre hurtigt, og at man skal passe på sig selv om dem omkring sig. Dette har jeg dog ikke haft held med da mit maniske jeg er pisseligeglad med dem omkring hende. Møg nederen, men sådan er det bare.

Noget der kan hjælpe på depressionen når man er bipolar er at man altid kan huske på at det bogstaveligt talt er i ens hjernes kemi, at man bliver glad igen, så smerten varer ikke forevigt, det står i ens biologi.

Den dag i dag oplever jeg stadig imposter syndrome, i forhold til bipolariteten hvor jeg føler at jeg ikke er "syg nok" til at have gjort mig "fortjent" til at have bipolardiagnosen. Jeg har ofte følt at jeg

blot "spiller" syg, men inderst inde ved jeg at jeg for ingen penge i

verden ville opføre mig og føle således, frivilligt. Dette kaldes

'imposter syndrome.' Jeg oplever at føle mig 'rigtigt' bipolar når jeg

har exceptionelt dårlige perioder, som for eksempel dette som er et

indblik, jeg vil give jer, i min sårbare psyke for blot et halv år før jeg

skriver dette, og det lyder således efter at skulle lære at leve med

min ny diagnose:

"Jeg skriver nu, fordi jeg har så mange tanker i hovedet. Alle tanker føles

som en lydmanifestering af angst og depression i form af lange poetiske

sætninger. De er konstante og kræver at skrives ned for at udvise en form

for betydning. En vigtighed. Jeg er en dårlig datter. Måske ikke altid, men

i dette moment, er jeg. Jeg er selvisk og ubetænksom. Jeg er syg, som min

mor siger. Jeg gør ting som jeg er bedt om ikke at gøre. Eksempelvis at

drikke på en lørdag aften da det kan trigge en voldsommere mani end de

hypomaniske symptomer som jeg og min familie oplever lige nu. Men har

jeg ikke også en ret til at være teenager? Jeg har aldrig været i byen og

drikke selvom mange på min alder er derude hver weekend? Min 15-

årige veninde tar på bar i aften for første gang, jeg har aldrig været på

84

bar. Jeg har så meget FOMO. Jeg føler at hvis jeg går glip af det mindste vil jeg ha' sværere ved at vende tilbage til mine venner og de sociale sammenhæng og vil derfor virke mere autistisk resulterende i at jeg bliver smidt ud eller hadet.

Åh, ordet had.

Jeg føler mig hadet. Og jeg hader.

Jeg føler at mine bedste venner hader mig, fordi jeg tit aflyser da jeg er for psykisk ustabil. Jeg føler at min mor hader mig, fordi jeg er så stor en byrde som jeg er. Jeg føler hun hader mig, fordi hun ikke længere vil betale for mit tøj, da jeg er 18 nu, og jeg føler hun hader mig, når jeg kaster hendes mad op. Jeg får ikke pizza når familien bestiller, for laura, hun kaster det jo bare op. Hvilket spild af penge. Jeg føler, jeg er hadet, når mor kommer hjem sent fra lange arbejdsdage, og jeg ikke har været en god nok datter at rydde op i huset og lave mad, i stedet bitcher jeg om, hvor hårdt livet på gym er og hvor meget jeg føler mig socialt isoleret og udenfor. Jeg føler mig hadet når jeg for 1000. gang beder min lillebror stoppe med at fløjte, for jeg er. Så. Fandens. Træt. Af at høre på det efter mine dage med fuldt skema på Hf, og gudfader bevares, man kan jo ikke *tage en fridag, fordi så får man en større fraværsprocent og det går jo*

ikke, selvom ens veninder græder efter skole, mens man kører dem hjem

over presset, de har fået lagt på sig, og du er dem så misundelig, for du

har det på samme måde, men du holder kæft. For det er mere acceptabelt,

og familien synes bedre om dig, når du er glad og har overskud efter en 8

timers dag fyldt med socialt indhold og grænse overskridelser. Jeg hader,

at man Selvfølgelig bliver brugt som terapeut af sine nye venner. Fordi

gud hvor er hende Laura der bare god til at holde sin kæft og bruge 1

time og 15 min af sin dag (resulterende i hendes fravær og declining

mentale helbred) på at lytte og lytte og lytte OG FUCKING LYTTE

indtil hun bliver bims, fordi hendes søde, lyttende Laura, dér har hurtigt

fundet ud af at når hun kommer med ideer eller advice, så bliver det

skudt ned. Fordi hvem har lyst til rent faktisk at fikse deres problemer,

når de bare kan få lov til at læsse af på det nærmeste offer, som er for sød

til at sige nej? Og når jeg så tager en 10 minutters pause som jeg er

berettiget til med RO, så følger folk efter mig for at læsse af. Og ens gamle

venner har enten stort set stoppet med at skrive til en, eller også har de få

der skriver til en med så meget energi og overskud, fordi de har sådan en

dejlig skole uden fraværsprocenter og krav, så de vil snakke hele tiden.

Være sammen. Tage på MacDonalds eller drikke sammen. Men Laura

må jo ikke drikke! Og selv hvis hun, den ene dag, vil drikke blot 4

genstande, så pålægger man så åbenbart så stort et pres på familien at

DERES psykiske helbred bliver lagt i ruiner. Og hvem fuck har lyst til at

være skyld i det? Men jeg vil jo ikke være skyld i, at andre får det dårligt.

Det eneste jeg vil, er at andre skal ha' det godt. Og så måske også lidt at

jeg ikke selv vil ha' det dårligt. Men at få en NORMAL teenageoplevelse

som en god tur på bar med vennerne eller til druk: NEJNEJ ved gud ikke.

Jeg skal være en god lille pige på 18 år og kun drikke 2 genstande (som

jeg jo for fanden intet mærker af) eller at drikke alkoholfri øl, som jeg

ikke kan lide imens jeg mærker hvor smertefuldt hver sociale situation

bliver, imens alle de andre hygger sig og er visuelt ligeglade med verdens

omkringliggende problematikker.

Så nu sidder man der, lørdag aften. Har sagt nej til en bytur fordi mor vil

hade mig, hvis jeg gør. Og jeg vil ikke i morgen have fået ret i og fysisk

eller verbalt bevis på, at hun rent faktisk hader mig, som jeg er så angst

for hver dag, men ikke siger fordi igen, hvem gider ha' med sådan en

usikker, irriterende lille selvdestruktiv autist at gøre?

Imens jeg skriver dette græder jeg. Mine hænder ryster af stressen og angsten over ikke at få tankerne skrevet ned hurtigt nok. De skal have et fysisk manifest, så de ikke blot bliver glemt ligesom en halvdel af mit liv allerede er blevet pga. alle mine lortediagnoser og stress og traumer.

Jeg. Kan. Snart. Ikke. Mere.

Jeg snakker knapt med nogen om det længere, for mor har ikke tid, psykiateren vil snakke medicin og bipolar, jeg har ikke kræfter til hjemmebesøg af kontaktperson, og vennerne skal ved gud ikke have mine byrder over på sig, selvom jeg tager deres på Mig hele tiden.

Jeg er så ked af det. Så vanvittigt voldsomt ked af det.

Det tynger ned på mig. Så at ligge på havbunden med hele havets vægt på maven og skuldrene. Som om man villigt tager store mundfulde vand ind og fylder lungerne op, fordi man ikke længere har kapaciteten, viljestyrken eller kræfterne til at kæmpe imod eller blot dreje hoved for at tage en enkelt mundfuld luft

Jeg er langsomt døende. Under presset af at skulle holde mund, fordi ingen gider høre på negativitet medmindre det er om sultende børn i

Afrika som de kan sende 7 kroner til og føle sig som et bedre menneske.

Fordi mine problemer? Hvem fanden gider høre på det??? Betalte

professionelle eller min stakkels mor som jo forhelvede er for godt et

menneske til at have fået så fucked up en byrde som mig. Hvor er det

bare øv at vide, at det er mig der er byrden. At jeg nemt kan fjerne mig

selv, men at det ville kreere end større byrde og sorg hos min mor. Men jeg

(selvom jeg er et forkælet svin at sige dette) føler ikke at min mor kan

lide mig. Men det kan hun nogle gange, og hun siger det endda, men jeg

føler mig som så forfærdeligt et barn, at jeg ikke kan se, hvordan hun

skulle kunne lide mig. Jeg har set det lige siden jeg boede hos min far, da

jeg var lille. Intet var godt nok, vær glad ikke ked af det eller sur, spis

ordenligt, vær en hjælp for andre. Jeg føler, at hun ikke vil være sammen

med mig og er tvunget til det når min liv fucker op så hårdt at, det

påvirker hendes liv.

Hvor er bipolar dog forfærdeligt, hun prøver at redde to personligheder,

der vil hver deres vej og river i hinanden uden en helt normal og

fornuftig Laura at snakke med. Hvor må det være hårdt, og hvor er det

dog uretfærdigt. Jeg ville virkelig ønske af hele mit hjerte, at jeg kunne

have været bare en smule mere normalt skruet sammen, for det er så *hårdt at være mig. Så fandens hårdt. Jeg skammer mig så inderligt over*

at være mig. Hvor er det dog forfærdeligt. Jeg er en bombe. Jeg ødelægger

folks liv omkring mig og ikke mindst mit eget. Jeg giver folk et

gennemgående indtryk af at jeg er et venligt menneske som er sjov at

være sammen med, men blot det at have skabt sådan et image for mig

selv, har været som at være både slaven, men også manden med pisken

der tæver løs. Jeg har ødelagt mig selv, lagt mit indre i ruiner for at være

en "god" person i andres øjne. Jeg har lært mig selv systematisk at

ødelægge mig selv ved hver chance jeg får, hvis det kan gøre livet bedre

eller nemmere for en anden."

Sådan skriver jeg d. 24 februar 2023 da jeg er stresset og deprimeret. Og sådanne nedture og tankemylder oplever jeg stadig, hver gang jeg har bipolar depression eller blot er tynget ned af stress eller andet psykisk.

Jeg oplevede blandt andet en manisk episode hvor jeg gik helt ud af mit gode skind og opførte mig helt out-of-character, og jeg råbte og skreg fordi min mor ikke ville hjælpe med at hente en reol jeg havde købt. Jeg endte endda med at true min mor med at selvskade eller at begå selvmord. Når jeg kigger tilbage på det føles det som endnu et nederlag og det er så utroligt hårdt at vide at manien tager over til tider og gør ting jeg aldrig selv kunne finde på i mit normale stemningsleje. Det er skræmmende og det er pinagtigt at kunne huske hvad jeg har gjort dog set oppefra, da jeg slet ikke var mig selv. Dette er vigtigt at give et indblik i, fordi det kan være så nemt at tro at dette er sådan hele mit liv ser ud, eller at hele mit liv helt modsat, kun er fyldt med gode stunder nu, hvor jeg har lært at leve med mine diagnoser, men det er ikke sandt. Livet for mig er en rutsjebane tur, og jeg lærer stadig at være accepterende overfor det. Man lærer nok aldrig at være helt tilpas og accepterende overfor en del af sig, en sygdom som tager fra ens glæde, men mit liv er rigt. fuld af glæde, såvel som tristhed, og jeg ville aldrig drømme om at skære tristheden ud af mit liv, for den fortæller mig, at jeg lever, og at jeg kan føle, og det gør mig til et menneske, der kan forstå andres smerte og være empatisk og kærlig. Og desuden er det nu oftere at jeg er glad, end jeg er trist, fordi jeg har arbejdet så utroligt hårdt på at få det bedre, så nu kan jeg stolt fortælle at "sådan her havde jeg det hele tiden engang, men nu er det blot en deltids-ting" og være et levende eksempel på at når folk siger "det bliver bedre" og man får lyst til at sige "Fuck dig din fucking-" osv, så er det faktisk sandt, om end man ikke accepterer det så lærer man alligevel langsomt at leve med det. Og selvom det er umuligt at se at det bliver bedre eller nemmere lige nu, og selvom min verden væltede efter at have fået min 7. diagnose. Så er jeg her stadig. Og jeg kæmper med det, men jeg gør det, og jeg gør det med et smil på læben, for jeg nyder nu alt, hvad livet smider efter mig. Godt og ondt.

Alt hvad jeg har mistet

Når man skal tale om hvor godt livet kan blive skal man også tale om de tab man oplever i løbet af at skulle få det bedre. Det er ikke realistisk, kun at have opture, når man beslutter at give livet et ordenligt forsøg. Derfor vil jeg fortælle om nogle af de ting, jeg har mistet, men som har været en stor del af grunden til, at jeg er den jeg er i dag.

At kunne danse, er noget, jeg til tider sørger over at have mistet. Jeg måtte stoppe til pardans, en sport jeg inderligt elskede, fordi jeg blev angst og spiseforstyrret. Jeg kunne ikke klare at skulle til konkurrencer, hvor folk kiggede på, jeg kunne ikke klare, hvis jeg ikke kunne passe en kjole i størrelse extra small, og jeg følte mig ikke smuk, som de andre piger. Jeg startede op igen senere da jeg også startede i terapi og ved psykolog, men jeg kunne aldrig nå op på de andres niveau siden jeg havde været væk så længe. Jeg følte mig udenfor og pinligt berørt over mig selv.

Jeg sørger også stadig over at jeg blev nødt til at tage en hf i stedet for STX. Jeg drømte om den røde standard studenterhue, og at kunne klare samme mængde moduler og fag som dem på en STX. Men det kunne jeg ikke. Det var enten at lade være med at tage en gymnasial uddannelse og blot finde arbejde en dag, eller at tage en HF på lettere vilkår, så jeg i det mindste fik en uddannelse, selvom det ikke var hvad jeg havde håbet. Det var hårdt at starte på en autisme HF og opleve mine venner tage STX uden problemer, mes jeg selv skulle være i en handikapklasse der tog ekstra hensyn. Det føltes så ulideligt pinligt, og jeg følte mig udenfor endnu en gang.

Jeg følte mig som en failure, der ikke kunne gøre, hvad hun ønskede at kunne gøre.

De sidste 3 år af folkeskolen måtte jeg opgive, da jeg fik så meget angst og spiseforstyrrelse, at jeg ikke kunne fungere i skolen. Jeg mistede venner. jeg mistede min klasses fællesskab. Jeg mistede ungdomsoplevelserne, som de andre fik: Deres første fest, første gang fuld, første kys osv. Min veninde har siden sagt, at jeg ikke missede ud på noget, da der mest bare var teenage drama, men siden jeg ikke selv fik oplevelserne, selv de kedelige, så er det stadig noget, jeg er ked af ikke at have været med til.

En anden drøm jeg måtte give op på var drømmen om at komme på efterskole. Jeg søgte ind på drømme efterskolen sammen med min bedste veninde, og vi kom endda begge ind. Efterfølgende tager min mor og far så en snak med mig, hvor min far er meget berørt, hvor de så fortæller mig, at jeg ikke kommer til at komme på efterskole alligevel, da de havde bestemt, at jeg ikke kunne holde til det. Jeg sad i badekarret på dette tidspunkt, da jeg havde en depressiv periode, og ikke kunne flytte mig og måtte bare sidde stille, helt lamslået. Jeg endte med at sige "Årh pyha, jeg troede nogen var død, sådan som i så ud." og jeg følte mig lettet, da det ikke var så slem en nyhed, men bearbejdede først rigtigt nyheden senere. Jeg sad alene på gyngestativet ved min vej, og tænkte over at den drøm, jeg havde haft siden jeg var 7, og hørte min mor fortælle om hendes efterskole år, nu var knust. Jeg græd og græd, og vidste ikke, hvordan jeg skulle fortælle det til min veninde, som nu skulle afsted alene. Jeg var vred og frustreret, men vidste at det nu var for sent og at mit efterskoleår var blevet fjernet fra min fremtid.

Venner har jeg også mistet. I folkeskolen havde jeg en bedste veninde som ikke forstod sig på psykiske sygdomme. Hun kaldte mig en byrde under min indlæggelse og gik desuden rundt og romantiserede ideen om at have ADHD. Hun synes, at det var sjovt og anderledes at have det, så derfor diagnosticerede hun sig selv med ADHD uden at forstå konceptet både på godt og på ondt. Sådan var der flere af mine venner, der gjorde, og jeg måtte slutte vores venskaber, da jeg enten ikke kunne holde til at være normal teenager, som tog kontakt og lavede aftaler, eller blot var så træt af at være misforstået og set som et problembarn. Familievennerne måtte også opgives at blive set til under denne periode, og det blev svært for mine forældre blot at holde nytårsaften eller fester sammen, da jeg ikke kunne overskue det nogensinde, og fik så utroligt meget angst, hver gang der blev planlagt noget. Dette gjorde at min familie blev isoleret fra omverdenen, og det er noget, jeg stadig den dag i dag har svært ved at tilgive mig selv. Isoleringen gjaldt også resten af vores familie. Jeg havde svært ved at komme ud ad døren, så efterhånden blev bedsteforældrene set mindre ofte, og jeg blev mere bange jo længere tid der gik imellem besøgene for at skulle ses med familien. Det var en ond cirkel i sig selv, og vi fik ikke besøgt nogen. Specielt under mine indlæggelser.

Evnen til at kunne bo hos far var den ting, jeg er mest ked af at miste. Jeg husker ikke meget fra perioden hvor jeg stoppede med at bo hos far, fordi jeg var så stresset, men jeg husker at det var noget af det sværeste, jeg har oplevet nogensinde. Dét at gå fra at se far hver dag hver anden uge og til slet ikke at se ham i flere måneder uden kontakt var pinefuldt, og jeg får lyst til at græde bare ved tanken. Jeg har siden da ikke boet ved min far, og jeg ved at det er en stor sorg for os begge, men det er, hvad der har holdt vores forhold i live, og jeg vil 1000 gange hellere gøre det hele igen, end

at miste kontakten helt til min far. Det ville jeg ikke kunne bære.

Dette betød dog at jeg har misset en del års oplevelser med min far,

og dem er jeg utroligt ked af at have mistet.

Alt hvad jeg har fået

Selvom jeg har mistet, har jeg også fået meget af mit liv med diagnoser og tab. Jeg har fået styrke af mine lidelser. Jeg kan stå imod, når alt går galt uden at knække sammen, jeg kan klare et pres på mine skuldre, og jeg kan klare at få nedture, for jeg ved nu at de går over igen.

Jeg har også lært at være taknemmelig og positiv. Efter min udskrivelse skal det siges, at der var mange dårlige dage og ikke blot opture. Dette er en realitet, jeg har oplevet. Jeg regnede med at hvis jeg fik det godt igen efter indlæggelsen, at det så blot ville være let og godt at være til i eksistensen, men jeg havde dage, hvor jeg ikke kunne lave andet end at græde. Men så fandt jeg ud af at man bruger de samme muskler til at græde, som til at vrikke med ørene, og så var alting godt igen. Jeg kunne ikke lade være med at være positiv. Jeg lærte her at være taknemmelig over alt, hvad jeg har været igennem, for uden dét havde jeg formegentlig været et meget mindre positivt, forstående og empatisk menneske den dag i dag, og det er tre egenskaber jeg er stolt af at have.

Et par ting jeg har lært efterhånden, er klart min selvindsigt og evnen til at mærke mig selv og forstå, hvad mine signaler betyder. Min selvindsigt kom fra at jeg lyttede til professionel hjælp og at jeg arbejdede hårdt med mig selv og mine traumer igennem terapi. Jeg har også lært at mærke efter i min krop og lytte til dens signaler, det er ikke altid, jeg forstår hvad signalerne betyder, men dét at jeg er opmærksom på dem og skriver tanker og følelser ned giver en form for puslespil, som jeg kan samle og forstå senere hen med senere viden. Det er en kæmpe styrke at kunne mærke efter i sig selv, det er skridtet hen mod at kunne sige fra, når man føler sine grænser er overtrådt og til at opleve trivsel og vælge den vej der er bedst for mig selv.

Selvtillid og selvkærlighed er også nogle egenskaber jeg har opnået at få. Billedet af lille mig har hjulpet mig så utroligt meget med at få medlidenhed og kærlighed til mig selv, for det er nemmere at distancere sig selv fra spejlbilledet, når det er et billede af et menneske, der er helt anderledes end jeg er i dag. Jeg lærte at tale kærligt til mig selv, for lille Laura fortjente at blive talt til med respekt og kærlighed, og at se på mit eget spejlbillede og vide at "mig nu", fortjener samme respekt og kærlighed, selvom de to versioner af mig ikke er ens, de har forskellig viden og oplevelser, men er begge lige meget værd. Dette var en utroligt vigtig lærestreg, jeg har lært, og jeg kommer til at blive ved med at huske på lille Laura, når jeg har hadefulde tanker om mig selv og min krop, resten af mit liv.

En anden ting livet gav mig efter indlæggelsen var kærligheden. Jeg troede aldrig, jeg skulle opleve den, for jeg mente jo, at jeg var uelskværdig, grim og havde en hæslig personlighed. Men der var en, der slet ikke så det sådan. Min allerførste kæreste. Vi mødtes igennem en fælles ven som havde fundet ham i en busk tæt på Jomfru Ane gade, stangstiv og sovende. Hun fandt ud af, at han var autist og besluttede med det samme, at vi ville være et godt par. Jeg sagde til hende, at ikke alle autister nødvendigvis har det godt sammen, men så viste hun et billede af ham der smilte på en McDonalds, og så var jeg pludselig faldet pladask for denne her 2 meter og træls, autist af en dreng. Vi mødtes til fester 2 gange, før jeg turde snakke med ham, men så snakkede vi også hele natten og sov, imens vi lå i ske. Vi tog på date ugen efter i Ikea og havde det så festligt, at vi besluttede at ses hos ham. Sådan skete der små milepæle hele tiden: Min første Valentines dag, vores første kys, min første rejse alene uden forældre, hvor vi tog til Göteborg i en uge, min første månedsdag, min første årsdag osv osv. Ting jeg kun havde kunne drømme om at få lov at opleve. Selvom ham og jeg ikke længere er sammen, så er jeg ham evigt taknemmelig for alt, han har givet mig, og for at have givet lille mig den kærlighedshistorie, hun så inderligt ønskede sig. Selvom vores forhold havde dets nedture, og vi ikke altid så tingene på samme måde, så har jeg kun kærlighed til overs for ham.

Jeg er også blevet stærk nok til at kunne overleve en HF. Selvom det ikke blev til den STX jeg ønskede mig, så dét at kunne klare et fuldt skema i skolen var først noget jeg kunne forestille mig for nyligt. Efter 3 års skolevægring i folkeskolen, et skema på handikapskolen VUK på 1 time om ugen og så at bygge mig op til at kunne klare et fuldt skema på VUK og så nu at kunne klare et fuldt skema på

Katedralskolens HF, er en sindssyg udvikling jeg aldrig troede, jeg ville kunne opnå. Fra at være pigen i hjørnet, der snakkede med ingen i 1 time om ugen, og så til at være den, der snakker med alle, er på fuldt skema og er først til at melde sig til noget socialt. Det er helt vildt. Flere sagde "det kommer du ikke til at kunne holde til", da jeg nævnte at jeg ville tage en HF på fuldt skema. Selvom jeg fik dette at vide, var der også mange der troede på mig. Min kontaktperson på skolen, Anja, sagde: "jeg er faktisk ikke i tvivl om, at du kan tage en HF. Din udvikling er eksponentiel, Laura". Det troede jeg på. Og se mig nu.

At få et job er også noget, jeg har kunne nu. Endelig. Jeg var altid så bange for, at ingen ville have mig som medarbejder, når jeg ingen erfaring havde (siden jeg jo ikke havde kunne komme ud af huset i flere år), men jeg fandt et frivilligt job på et katteinternat, og de var mere end glade, for at se mig komme i arbejde hos dem. En kæmpe drøm for mig, var at kunne tjene mine egne penge igennem et job, men selvom jeg ikke tjente penge, var det en stor del af at give mig mere selvstændighed og selvtillid. Nu søger jeg jobs overalt og jeg har selvtilliden til, at jeg ved, at jeg kan klare et arbejde med mødepligt på trods af mit før rodede liv uden stabilitet. Og jeg

glæder mig. I forlængelse af, at kunne tage job, så tør jeg også flytte

ud nu, og så snart, jeg får et job, der kan betale månedlig husleje i

en lejlighed, så flytter jeg ud. Det er også noget jeg aldrig turde

drømme, om da det er en ændring, og ændringer gør mig normalt

bange. Men dette er en ændring jeg gladelig velkommer i mit liv.

Det er et nyt kapitel jeg glæder mig til.

Noget jeg fik i gave for endelig at være blevet udskrevet fra min 5-

årige indlæggelse var min kat Albert. På trods af hans overvægt

fungerer han ret godt som en terapi-kat. Mor foreslog ofte at vi

kunne få en service hund, men jeg var fastlåst på at få en kat, Så

Albert fik vi. Han kan mærke, når jeg er stresset eller ked af det, og

så lægger han sig ovenpå mig. Det kan være svært at få vejret på

grund af hans størrelse, men andre gange når han blot lægger sig i

armene på mig, tager det noget af stresset væk.

Nye venner er noget af det bedste, jeg har fået ud af at være

handikappet. Jeg blev accepteret på VUK. Handicapskolen for

udsatte unge og diverse andre handikaps. Her fandt jeg Joanna,

Johanne og Siff. Mine piger. Vi blev tættere end søstre, og Jeg ved at vi aldrig kommer til at miste hinanden. Fordi vi har set hinanden på vores laveste, vi har fulgt hinanden igennem hver vores helvede, og vi kender alt til hinandens største hemmeligheder. De tre piger har en evig plads i mit hjerte og skulle der ske noget, så vi en dag ikke længere snakker, så vil jeg stadig give mit liv for dem. Jeg skylder dem mit liv og min glæde og også min selvtillid. Vi byggede hinanden op, og nu er vi de mennesker vi er i dag på grund af hinanden. Jeg elsker dem ubeskriveligt højt.

Noget jeg troede var gået tabt i min tid som tilbagetrukket fra alt socialt var relationerne til familievennerne. Da jeg som 13 årig havde så meget angst, at jeg var på randen til at kaste op inden besøg på nytårsaften, gav mine forældre op på at have besøg af familiens venner, og jeg følte mig som en kæmpe byrde og stopklods for deres glæde og relationer. Men for nyligt da jeg skriver dette, har jeg haft besøgt familievennerne for første gang i næsten 5 år, og jeg føler mig så utroligt stolt over det, for jeg kunne mærke, at jeg havde savnet dem alle sammen. De er nogle gode mennesker, og selvom jeg stadig kunne mærke angsten inden vi tog afsted, så vidste jeg, at de er nogle dejlige og rummelige mennesker, som jeg holder af, og som accepterer mig og mine problemer. Derfor kunne jeg styre min angst nogenlunde og endte med at have en fantastisk dag, hvor jeg ikke ville hjem til sidst. Dette åbner dørene for at min familie kan få besøg igen, uden at skulle tage så meget hensyn til mig, og så kan de få deres gamle venner tilbage i en grad, de ikke kunne før, og jeg har fået selvtilliden til at besøge folk, jeg kender på trods af angsten.

Og for dem af jer der tænker: Men hvad med hende og hendes far? Jeg kan sige at min far er min bedste ven, han har haft det svært og selvom det ikke er en undskyldning for vredesudbruddet, så har han virkelig gjort sit bedste for at forstå mig og at give mig pladsen, jeg har brug for. Og desuden er jeg stærk nok nu til at diskutere med ham, og at være uenige uden at føle mig tromlet, så derfor er vores forhold helt fantastisk. Han forstår mig, han elsker mig ubetinget, og han har en god sjæl. Og jeg elsker ham og ser op til ham, som jeg altid har gjort. Jeg ville endda give mit liv for ham, selvom han ikke ville synes om, at jeg gav mit liv for et gammelt røvhul som ham, men det ville jeg. (Ikke fordi jeg er selvmordstruet, jeg er blot et meget kærlighedsfuldt menneske.) Noget man skal huske på når man læser min bog er at det er min rå og ufiltrerede sandhed. *Min* sandhed, ikke sandheden, blot min oplevelse, og det er ikke min mening at min historie skal have en skurk, og skurken skulle da aldrig være min far. Hans historie har også hårdknuder og dem har jeg oplevet lidt af, og det er det jeg har skrevet om. Men han har ændret sig gevaldigt og jeg elsker ham stadig utroligt højt på trods af de skænderier og uenigheder vi havde da jeg var yngre.

Jeg har også fået styr på mine diagnoser. Jeg har søgt informationer om dem og terapi, samt tjekket hvad der fungerer for mig, og hvad der gør det værre. Jeg er altid nysgerrig på mere information om dem, da jeg jo blot ønsker at få et så normalt liv som muligt i min situation. Min angst for eksempel, var et kæmpe handikap i mange år for mig, og jeg troede at det ville være lige så svært som på daværende tidspunkt, resten af mit liv. Dette var ikke sandt, for jeg lærte at øve mig på at være i angsten, og at leve med det kropslige ubehag der fulgte med den. Og jeg lærte også at jeg skulle have overskud og minimal stress, når jeg arbejdede med angsten, fordi ellers ville jeg være så meget oppe i det røde felt, at jeg intet ville kunne lære af angsten. På samme måde arbejdede jeg også meget med spiseforstyrrelsen. Jeg oplevede ubehaget ved ikke at kaste op med det samme efter aftensmad, jeg græd og græd over at badeværelsesdørene var låst, men jeg oplevede at intet farligt skete, da jeg ikke kastede op. Jeg oplevede, at jeg kunne kontrollere at spise sundt uden overspisninger 80% af tiden og så balancerede det de 20% overspisninger ud. Jeg forstod også en form for accept over, at jeg nok aldrig kommer helt af med hverken angsten eller spiseforstyrrelsen. Og at jeg ville kunne holde det under kontrol, hvis jeg passer på mig selv og mine stressniveauer. Det giver en form for tryghed at vide, at jeg kan kontrollere det, jeg har egenskaberne til at kunne passe på mig selv, og jeg gør det. Jeg har næsten aldrig angstanfald længere, og jeg kaster kun op, når livet er absolut maks presset. Jeg ved at mine diagnoser er en del af mig, og når folk siger "du virker da ikke til at være autist?" så kan jeg med rolighed vide at lille Laura der klemte sig ind under håndvasken for at opleve tryk, og som ikke kunne spise specifikke konsistenser, ikke var overdramatisk men blot autist, og selvom nogen måske vil være mistroiske, når de ser hvor godt jeg fungerer udadtil, så ved jeg at de ikke kender hele sandheden, men at det gør jeg.

En af de største gaver jeg har fået igennem mine år med depression, er forholdet til min lillebror, som det er i dag. Da jeg blev indlagt for mit selvmordsforsøg, var det som om det pludselig slog klik for min lillebror, og så forstod han, hvor seriøst mit problem egentlig var. Jeg kunne mærke en tydelig forandring i hans attitude overfor mig, og pludselig ville han sidde i min hospitalsseng sammen med mig, lave sjov med mig så jeg kunne grine i stedet for at være ked af det, og han var bare til stede på en helt anden måde. Efter dette skrev han ofte til mig under min indlæggelse, sendte billeder, ringede endda en gang imellem, og nu fortæller han mig om hans hemmeligheder, piger han kan lide. Vi er tættere end nogensinde før. Vi har selvfølgelig søskende skænderier en gang imellem, men det er intet større end at vi kan være videre efter 2 minutter. Mit forhold med min lillebror er et, jeg virkelig sætter pris på, og han er min bedste ven. Det er en kæmpe gave at have oplevet vores forhold gå fra konstante skænderier og vrede mod hinanden, til at være tætte nok til at græde sammen og at kunne være der for hinanden, når det at have skilte forældre bliver svært eksempelvis.

Jeg har også bare lært så utroligt mange livslektioner. Nogle som andre mennesker først i virkeligheden kan mestre eller forstå når de bliver ældre. Jeg forstår at jeg er syg og at min livskvalitet altid vil være forringet i forhold til andres. Men jeg ved også at andre har det værre end mig, og jeg ved at mit liv stadig er rigt, så det vælger jeg at fokusere på i stedet. Jeg forstår også at se på mine diagnoser med et positivt syn. At se min ADHD som en nysgerrig og hyperfokuseret diagnose i stedet for en ufokuseret og kaotisk en, at se min autisme som en styrke idet at jeg har en utroligt stor empati og en fintfølende sans for andres følelser og behov i stedet for en stopklods der bremser mig for at nyde ungdomslivet. Endda min bipolaritet kan jeg se som en styrke. Jeg kan mærke følelser 200% stærkere end andre. Min mani gør at jeg kan tale med fremmede uden at opleve angst, og min depression giver mig tid til at tænke over livet for mig selv og at få ro på. På denne måde føles det ikke som et tabu at være psyksisk syg med så meget forskelligt, det føles som en styrke. Det bliver ofte italesat at jeg er god til at være åben omkring mine diagnoser. Folk spørger ofte hvordan jeg kan være så åben omkring det, og mit svar er blot at jeg er stoppet med at se det som noget negativt. Jeg ser det som noget der styrker mig, lader mig opleve livet fuldt ud med alle dets menneskelige følelser og oplevelser, og gør at jeg kan relatere til flere mennesker. Ja det gør endda at jeg forhåbentlig vil kunne hjælpe dem som mig når jeg bliver voksen. Udover at se mine diagnoser som en styrke ser jeg nu også mine fejl som en styrke. Fejl er hvad der giver læring, fejl er menneskelige, fejl er uundgåelige. Fik jeg en parkeringsbøde? Nå for fanden, det er træls men så har jeg lært af det og det gør mig til en bedre billist. Svarede jeg forkert i timen? Øv, det er pinligt men jeg viste selvtillid ved at række hånden op og det var sejt, og desuden giver det en god mundtlig årskarakter. Således tænker jeg hver gang jeg laver fejl eller gør noget dumt. Det er gratis læring. (lige på trods af p-bøderne. De var satme dyre)

Og sidst men ikke mindst, har jeg fået Livet tilbage. Jeg har fundet livsglæden og jeg har gang i tusind ting jeg aldrig så muligt før: At feste, få kærester, opleve kærlighed, søge job, tage på festivaler, gå fuld tid i skole, og blot at være til uden at føle at eksistensen er ulidelig. Dette er det vigtigste jeg har fået af mit liv på prøveperiode, og jeg kan stolt sige, at jeg ikke længere tager livet på prøveperiode, nu vil jeg leve fuldt ud, uden nogen tidsbegrænsninger andet end den, som universet har sat for mig, for jeg skal jo dø en dag, men indtil da, vil jeg leve uden at tage nogen shortcuts til himlen.

Dét, der vendte det

Der er utroligt meget der var med til at både kickstarte og fortsætte min bedring. Jeg vil nævne de største grunde i håbet om at du som læser enten har haft lignende problemer som mig, eller kender nogen der har haft samme problemer, og derfor vil kunne bruge dette kapitel som inspiration til hvad man kan gøre for at komme i bedring.

Da jeg bliver 15 og bliver indlagt på børne-unge psykiatriens sengeafdeling, får jeg en kontaktperson fra kommunen. Trine hedder hun. Trine var ikke som jeg havde forventet da jeg fik at vide at jeg skulle have en kontaktperson. Jeg havde forventet en høj kvinde med stram knold og jakkesæt som ingen personlighed havde, andet end hendes job, men i stedet fik jeg modsætningen. Trine var lav, havde langt løst afbleget hår og tatoveringer, og så var jeg usikker på hvordan jeg skulle greje hende. Men som jeg hurtigt fandt ud af så var det ikke mig der skulle forstå hende, det var hende der skulle lære at forstå mig. Hun var utroligt sød, tilpas åben overfor mig og skidesjov. Hun tog pis på mig hele tiden og det var som om hun slet ikke så mig som Laura med ADHD, autisme og dit og dat. Hun så mig som en pige med et problem. Et problem hun ville løse for mig, sammen med mig. Trine tog med det samme fat i den hårde ende. Vi snakkede om tabuer, traumer, depression men jeg lærte også hurtigt at hun elskede at snakke om drenge, sex og ungdommen, så hun var på min bølgelængde helt fra start. Intet jeg gjorde, var forkert overfor Trine og hun blev kun sur på mig når jeg ikke var sød ved mig selv. Trine var skøn og jeg har hende stadig den dag i dag. Vi kender hinanden ud og ind og vi holder af hinanden som en familie. Men hun er skideskør og siger at hun er 37 selvom jeg ved det er løgn, hun vil bare ikke stå ved at hun er ved at blive et gammelt røvhul. Men et elskeligt ét. Jeg tror det hun gjorde som var specielt godt for mig var at hun var ansat som min talsperson. Hun kunne snakke med mine forældre om hvilke ændringer hun så nødvendige for at få min trivsel i gang og hun tog sig god tid til at vinde min tillid for jeg var utroligt sky dengang. Den dag i dag bruger jeg hende når livet kører af sporet eller jeg ikke ved hvad jeg skal gøre i en bestemt situation. Så er

113

hun lidt ligesom en ekstra forælder som ved lidt mere om psyken og unge med problemer end mine egne forældre. Hende sætter jeg stor pris på.

En anden ting der var ret vigtigt for mig var at jeg holdte fri. Fri fra skole så meget jeg trængte, men også fri fra familiesammenkomster og familie-venne-træf. Dette gjorde at jeg havde ro i hovedet og tid til at lade min stress langsomt falde til ro, og jeg skulle ikke anstrenge mig for at virke "normal" overfor familie, venner og klassekammerater når jeg i virkeligheden var utroligt angst, deprimeret og autistsisk. Det gjorde at jeg sammen med psykologer kunne øve mig på sociale situationer inden jeg skulle ud i dem når jeg fik det bedre, og derfor fjernede det også presset fra mine skuldre om at skulle finde rundt i sociale signaler for så havde jeg lært det meste på forhånd.

Som sagt var jeg indlagt på Børne-unge afdelingens døgnafsnit over mange omgange. Dette viste sig at være en kæmpe hjælp for mig. Jeg brugte det som en pause fra omverdenen når mit stress havde ødelagt mig, og så fik jeg ro og tid til langsomt at rejse mig igen.

Det var fantastisk at have et sted hvor jeg kunne pause livet og blot lære at mærke mig og hvad jeg følte og hvad jeg havde brug for.

Hospitalsskolen var også et sted til fred og ro, og da jeg var indlagt på psykiatrien fik jeg jo en plads på hospitalsundervisningen som lå i samme bygning som jeg sov i. Hospitalsskolen gav mig en mulighed for at komme i skole under de rigtige forhold, og hvor jeg kunne udfolde mig i mit eget tempo, fokusere på min prioritet som var at komme i bedring, men også at hjælpe mig til ikke at falde for meget bagud akademisk. De var fantastiske og hjalp mig med at holde pauser når adhd hovedet ikke kunne mere, og gjorde mig mere selvsikker i det akademiske men også i at jeg nu vidste hvordan jeg kunne gå i skole uden at brænde helt sammen fordi jeg ikke lyttede til mine egne behov.

Efter hospitalsundervisningen kom jeg til VUK. Voksenskolen for Unge og Kommunikation, en skole for handikappede og unge der havde været i skolevægring over en længere periode. VUK er nok den største grund til at min bedring pludselig tog fart. Jonas, Kia og Anja som var mine lærere og mentorer, var utrolige til at have os unge i min klasse dér. De talte lige til os uden alt det fis med at de voksne bestemte, vi bestemte næsten lige så meget som dem og vi lærte selv at sparke os selv i gang med skolearbejde når det hele var svært, men også at tage en lur når det hele blev for overvældende, så man kunne fortsætte med skolearbejdet senere, eller på en rigtig øv-dag, tage hjem. Sammen med mine nyfundne venner på VUK som også var målrettede på at opnå bedring og personlig udvikling, fik jeg en sans for virkelig at sætte mig i selen for at finde ud af hvad det "gode liv" var for mig. Vi havde mental styrketræning som en del af vores skema og lærte blandt andet at det var okay at fejle, at sætte pris på de små "wins" i livet, altså at være taknemmelig og også hvordan man kunne hjælpe sig selv. På mine 2 år på VUK fik jeg selvtilliden tilbage i en grad jeg aldrig havde oplevet før, og dem omkring mig mærkede en tydelig ændring. Jeg var pludselig stærk og selvsikker men også bare livsglad og med en nyfunden energi der kom af at have lært midler til at passe på mig selv og holde tilbage med at bruge mine kræfter og energi så jeg havde mere at bruge når jeg gerne ville noget bestemt.

En anden ting der hjalp mere end jeg havde regnet med, var at få min kat Albert. Albert var en kat jeg fandt på et internat i min hjemby, og jeg vidste med det samme at vi måtte have ham, fordi han, ligesom mig, aldrig holdt kæft med hans søde mjaven og han invaderede totalt mit personal space med hans dejlige selskab. Han var perfekt og mindede om mig, så dagen efter hentede vi ham hjem. Siden da har han været min trofaste, overvægtige følgesvend som ligger hos mig i svære tider og tilbyder tryghed og ro. Det er utroligt hvad et kæledyr kan gøre for ens mentale helbred, men jeg elsker effekten af at have et lille væsen på mig. Han er dog smælderfed, men alt føles bedre når man har en kat på maven.

Noget andet jeg lærte at prioritere, var mindre pres og mindre socialt, altså at prioritere kvalitet over kvantitet når det kom til samvær med andre. Det betød at jeg lavede færre aftaler, sagde oftere fra overfor allerede eksisterende aftaler, og prioriterede at være sammen i kortere tid frem for at det blev for lang tid og at min energi blev totalt brugt op. Dette spillede en stor rolle i min forbedring og var en svær lektie for mig at lære.

Mine forældre udviklede sig også i en utrolig grad, gradvist og roligt igennem mit sygdomsforløb. De var begge engagerede for at forstå mig og mine udfordringer, men havde begge problemer med det i starten. Efter mange år havde deres hårde arbejde båret frugt og de havde virkelig sat sig i selen for at forstå mig, så derfor kan jeg have en sund relation til dem den dag i dag. Min far skriver således under den ene af mine indlæggelser, og jeg har beholdt brevet fordi det virkelig viser hvor gerne han ville hjælpe selvom han ikke nødvendigvis vidste hvad der skulle til. Han skriver:

"Kære Laura, Du er lige nu, et sted hvor livet er svært. Jeg tror det kan være svært at overskue tingene og se hvordan du kommer ud på den anden side. Jeg ved heller ikke hvad der skal til - men det gør de folk vi finder til at hjælpe dig. Jeg ved noget der har hjulpet mig når jeg havde det svært:

Det her, situationen, og alt det svære varer ikke ved. Alt går over igen. Du er ikke alene mens du kæmper for at finde tilbage til det gode liv. Mor, Dorthea og jeg er her for dig, sammen med de professionelle vi finder. Og husk: Du skal ikke have et svar eller en løsning i dit hoved lige nu. Du skal kun én ting hver dag og det er at komme bedst muligt igennem dén dag.

Så kort sagt Laura så er vi her for dig indtil du kan bunde igen, og vi elsker dig"

Jeg elsker at genlæse de gamle breve jeg fik sendt, specielt af min far fordi hans smukke og funky håndskrift var rar for øjnene men også fordi jeg tydeligt kunne mærke kærligheden igennem dem.

Anja og Sonja, min psykolog og psykiatriske sygeplejerske, havde også en stor del i min bedring. Èn ting var at jeg nu havde nogen der lyttede til mig og alt hvad der tyngede mig ned, men også dét at have nogen som vidste hvordan jeg kunne bearbejde mine problemer og tackle dem en efter en. De lærte mig også en vigtig ting. At fejre diagnoserne og fejltagelserne. Jeg begyndte efter hver udrednig at fejre de nye diagnoser med kage, for at lysne stemningen og associere dét at have fået konstateret ny sygdom, som en positiv ting der gav plads til ny læring og forbedring, frem for at associere det med negativitet. Det var jo trods alt blot ny information men om noget som havde været i mig i en længere periode, så jeg kunne ligeså godt se det som en mulighed for at lære mig selv at kende i endnu højere grad end før. De lærte mig også at prøve alting 1 gang for at se om det gav bedring. Var der et nyt program for unge med ADHD? Så prøvede vi det. Var der en ny slags gruppeterapi? Vi prøvede det. Var der en ny anerkendt terapiform så prøvede vi det sgu. Alt skulle prøves mindst 1 gang.

Heraf kommer også det vigtigste der har været med til min bedring. At jeg var villig. Villig til at prøve nye terapiformer og medicin, villig til at dele med psykologer hvad der pinede mig aller mest og give dem indblik i mit mest sårbare jeg og villig til at gøre hvad som helst for at kunne opleve en bedring. Havde jeg ikke haft samme gå-på-mod havde jeg nok først været hvor jeg er nu, om 20 eller 30 år. Jeg ser det som en kæmpe gave at yngre mig gik igennem så meget for at nutidige mig kunne opleve hvad et godt og "bedre" liv kunne byde på. Havde hun ikke lavet alt det hårde arbejde for mig nu, havde jeg skulle starte fra bunden i en alder af 19 i stedet for 11 og derved hvade jeg nok haft de slemmeste perioder i nutiden i stedet for blot engang i fortiden.

En tak

Jeg ville aldrig være nået dertil hvor jeg kunne sætte pris på livet hvis ikke jeg havde fået medvind af flere mennesker som jeg i dag sætter utroligt stor pris på, og ikke ville være i live uden.

En tak skal gives til min tætte familie, Far, Mor, Dorthea og Christian, som har skullet se mig i min dybeste depression og følge mig igennem et helvede af et forløb, og kun kunnet se på imens mit mentale helbred gik nedad. Det har krævet en styrke at kunne give mig smil og opbakning, imens man ser sin datter og søster prøve at tage livet af sig selv. Tak til far for altid at have min ryg, og at tjekke op på mig med memes og breve under min indlæggelse, og for at sætte sig i selen, for at lære at kunne forstå mig og mine behov, tak til mor for at kæmpe sig igennem systemet, og at sørge for, at jeg fik den hjælp, jeg havde brug for. Og tak for at være min klippe i stormen. Tak til Dorthea for altid at fortælle mig at jeg ikke skylder nogen noget, ikke at gøre hvad de vil have mig til, eller hvad jeg tror jeg bør gøre for andre, og tak til min lillebror som virkelig forstår at give mig et kærligt skub ved at rulle gardinerne op, ligge inde hos mig og snakke eller hente min tandbørste til mig i svære tider. Tak til jer, og tak for jer. Jeg elsker jer.

En anden tak skal gives til mine venner der har set mig på mit laveste og fulgt mig igennem hele forløbet og heppet på mig: Emilie, Siff, Johanne og Joanna, tak for jer og jeres uendelige støtte og kærlighed til mig. Jeg er jer forevigt taknemmelige.

Til Sonja, min skønne børnepsykiatriske sygeplejerske: Tak for dig, tak for al din hjælp og din kærlighed til mig. Tak fordi du besøgte mig da jeg var indlagt, tak fordi du bekymrede dig for mig, og tak fordi du hjalp mig så godt igennem så mange af mine problemer. Jeg glemmer dig aldrig.

Til BU1's personale, specielt Helle, men også så mange andre, tak til jer alle sammen for det I gør, tak fordi i gjorde en forskel for mig og mange andre, tak fordi I gav mig modet og forslaget til at give livet endnu en chance, tak fordi jeg kan være her denne dag i dag. Det er takket være jer.

Til mine kørelærere, Jørgen og Severin, tak til jer for at tro på mig og at bede mig klare mig selv uden mors hjælp, det gav mig selvtillid og evnen til at kunne være et selvstændigt menneske, som jeg sådan trængte til at være, og tak for en skøn uddannelse i kørsel og sikkerhed,

En tak skal også gives til dem der gav mig selvtillid, glæde og modet tilbage, og som tog stor del i at give mig livsglæden igen samt hjalp mig til at finde mine skønne tøser på VUK, tak til Jonas, Anja, Hanne, Kia og Katja, som gav mig en plads i skønne gruppe Q, og som snakkede mig igennem mange af mine hårde perioder samt gav mig plads til at udfolde mig og lære en ny hverdag at kende. En uden stress og angst. Tusind tak til jer, som har ændret mit liv. I har en speciel plads i mit hjerte.

Tak til Trine, min kontaktperson, som siden jeg var 15 har hørt på mit brok, og mine klager om livet og mine forældre, samt hjulpet mig med at bearbejde traumer, angst og spiseforstyrrelse. Hun har hjulpet mig med min selvindsigt og jeg er hende evigt taknemmelig for alt den hjælp og tryghed hun yder til mig.

Tak til Hanne, min psykiatriske sygeplejerske på bipolar ambulatoriet, som har været min 'ekstra mor' som vi siger, og som gav mig den blødeste overgang fra børnepsykiatrien til voksen psykiatrien. Hun har taget godt hånd om mig og hjulpet mit liv tilbage på skinnerne når jeg væltede af. Hun har gjort mit forløb med bipolar meget nemmere. Tak.

Tak til Anja, min psykolog, som gjorde mig så god til selvindsigt og at bearbejde mine egne problemer at jeg nu er hende foruden, og det gør mig stolt at jeg kan klare at leve uden at gå til psykolog, selvom jeg savner hende. Men ultimativt er jeg hende taknemmelig for alt hendes hjælp og hendes oprigtighed.

Tak til Nicklas, for at lære mig utroligt meget om mig selv og fordi du lærte mig om kærlighed, og om hvad jeg fortjener fra en kæreste. Jeg er dig evigt taknemmelig for vores år og 4 måneder sammen, og jeg sætter sådan pris på alt, hvad vi har været igennem og hvad du har lært mig. Tak.

Tak til Helle og Caroline fra hospitalsskolen, og skolelederen som tog godt imod mig, og gav mig en chance for at lære en hverdag i skole at kende, hvor jeg kunne trives.

En sidste tak kommer til at gå til yngre mig. Tak lille Laura fordi du har kæmpet så hårdt, tak fordi du har sikret os en god ungdom og fremtid, tak fordi du gav den gas til terapi og forløb med diverse problematikker og tak for dig, at du ikke gav op. Tak fordi at du gav livet en sidste chance men allermest tak, fordi du gav alt hvad du kunne af energi og kræfter til at kæmpe for en forbedring i os. Jeg har styr på det nu og jeg skal nok passe godt på dig, tak.

7 diagnoser, 5 indlæggelser og et utal af nedture senere står jeg her, i live og lykkelig. Det var ikke nemt at vælge livet, men I gjorde det nemmere hver især, og jeg håber inderligt at i vil tage takken til jer, for i har været med til at redde et liv. Tusind tak. Jeg vil leve det fuldt ud.

Digte

En ting jeg har lært ved mig selv er at digte kan være et godt outlet for følelser eller tankespind, så til sidst har jeg en digtsamling som omhandler meget af dét jeg allerede har skrevet om i de tidligere kapitler, men forhåbentlig vil den kunne resonere hos nogen og måske give inspiration til selv at skrive ned når tankerne kører for fuld skrue eller når noget tynger hjertet. Jeg skriver oftest når jeg er deprimeret fordi jeg har allermest tankemylder dér men jeg har også til tider blot skrevet fordi jeg synes at noget var utroligt vigtigt for mig at få ud af hovedet.

Mor

"Hej mor!"

Lyder den spinkle lille stemme

Store runde øjne og et bredt smil formes over læberne på den lille

pige

"Hun kan tale! Siger de to stolte forældre i kor"

Et smukt familieminde

"Hej mor

Jeg vil gerne hjem til min veninde idag og lege, må jeg det?"

"Det må du gerne min skat, jeg henter dig til aftensmadstid, hyg

jer!" Siger mor.

"Hej mor

Jeg har brug for at blive hentet, drenge er dumme, siger hun over

telefonen"

Mor svarer uden tøven

"Selvfølgelig henter jeg da dig, jeg er der om 10."

"Hej mor,

undskyld jeg råbte.

Jeg elsker dig"

"Det er okay min skat, jeg er også ked af at jeg råbte"

Omfavningen er varm og kærlig

"Hej mor,

Jeg har brug for babysittere, kan det være jer?"

"Intet ville gøre mig gladere!"

Siger hun og løfter endnu en byrde fra hendes datter

"Hej mor,

jeg skal skilles"

"Åh dog, lad os snakke om det,

vi kommer over nu" siger mor

"Hej mor,

det gør mig så ondt, jeg ved ikke hvad vi kan gøre"

"Det er okay min skat, jeg føler mig ikke syg"

En tåre triller ned af datterens kind

"Hej mor

Det gør mig ked af det

at du ikke kan lade bilen være,

jeg blir nødt til at tage nøglerne fra dig"

"Men jeg er ikke syg, jeg kan køre bil"

Endnu en tåre falder

En datter vil aldrig være "den onde" som bestemmer over sin

forælder,

men en skulle påtage sig rollen, og hun var stærk nok.

Troede hun.

"Hej mor,

det er på tide at du skal på plejehjem,

far kan ikke passe på dig længere og du kan ikke passe dig selv"

"Okay"

"Hej mor,

du skal spise lidt nu."

Tomme grå-blå øjne møder hendes egne men ingen følelser eller

tanker bag

Sygdommen tog pludseligt til

Der er kun en skal tilbage

En indsunken kopi af hvad der engang var af liv i smukke Ruth.

Intet svar, blot tomme øjne der søger efter hvor lydene kommer fra

"Hej mor

Jeg elsker dig så meget"

Siger hun med bævende stemme

og tårer strømmende ned af kinderne

"Jeg savner hvem du var,

jeg er vred på verden,

jeg kan ikke overskue at du ikke skal være her mere"

"Men jeg sagde afsked for længe siden,

du har ikke været dig selv

Jeg elsker dig"

Hånden er kold, men kærligheden er varm.

"Hej mor"

Siger hun og ser solens nedgang spejle sig over havet,

med knæene oppe under hagen som var hun barn igen.

"Det er længe siden sidst.

Jeg savner dig

Laura tager en uddannelse

Christian får tolv taller

Og jeg har udgivet nogle sider i medicinsk kompendium!

Jeg elsker dig.

Jeg ved du er hos mig men det er svært at mærke altid.

Jeg ved at du bliver passet godt på i himlen og jeg glæder mig til vi

en dag ses igen uden sygdomme og alderdom, blot mor og datter.

Du er højt elsket

Du er meget savnet

Vi ses, mor.

Farfar

"Og hvem er du så?"

Spørger han blidt og løfter det lille nye menneske op i favnen

Navnet siges højt og fejringen af den nyfødte begynder virkelig

Der lægges intet skjul på Hans stolte smil

Han er blevet farfar for første gang

De sidder på stenen,

Hun synger "jeg ved en lærkerede"

og han sidder blot og lytter.

Hun er lillebitte med alt for store gummistøvler på

og en varm striktrøje der ikke matcher i farven

Men han vidste jo ikke noget om tøj da han ville babysitte

Det er et minde han aldrig vil glemme

Tror han

Han sidder dér, smilende på hospitalsstuen, og hun gengælder

smilet af hele hjertet.

"Åh hvor er det godt at se dig farfar!" Udbryder hun

Hans smil forsvinder halvt, han løfter hånden som i en hilsen

Og det næste han siger får hendes hjerte til at synke:

"Og hvem er du så?" siger han og trykker hendes hånd

Eksamen

Hun sidder i bussen

Hårrejste arme

Et galloperende hjerte

Tør mund

Og klamme hænder

Hun føler sig helt alene trods de mange andre bus-rejsende

Hun ved at det intet farligt er

Og fejler hun, vil hun se at intet dårligt sker

Det er hendes hjerne der bilder hende ind

At det er hendes værd og værdighed

som menneske, datter og elev der er på spil

Det er spøjst tænker hun

Hvordan vi kan blive fængslet af vores frygt

I sådan en grad

At vi kan vide logisk at intet negativt vil ske i samme grad som

tankerne påpeger

Men stadig at hjertet ikke følger med hjernen

Bussen stopper

Det samme gør hendes vejrtrækning

Nu er det nu

Hun kan allerede se det for sig

Hun dumper

Hendes lærere, censor, forældre og klasse vil alle være skuffede.

Hvem er jeg hvis jeg ikke får udelukkende 12-taller?

Hvem vil de tro jeg er? Og hvad vil de tænke om mig?

Et gys løber ned af nakken, ned i hendes trøjekrave og ned af

ryggen som stygge edderkopper

Hendes hænder ryster

Jeg kommer ikke til at dø

Jeg er noget værd uanset

Jeg klarer det fint

Siger hun til sig selv

Senere træder hun ud af lokalet

Angsten er sivet ud af hende sammen med hendes resterende

energi

Hendes knæ ryster og vakler

Men hun gjorde det

Hun er ikke død

Ingen blev sure

Hun har stadig værd

Et smil finder sig vejen til hendes læber og hun kan ikke lade være

med at grine over latterligheden af hendes tidligere frygt

"Det var jo trods alt bare en eksamen!"

Papirlappen

En pige på knap 7

Berøver huset fra hendes glade larm

Hun sider helt stille

Og ved papir og blyant hun skriver

Forsigtigt og tøvende

Hun skriver ned

Hun ser tænksom ud og skriver atter igen

Hun smiler, og rejser sig

Viser det til bedstemor som med oprigtig stolthed

måske endnu større end pigens

klapper hende på håret og folder det

Pigens danser glad videre

men bedstemoderen kigger papiret igennem igen og igen,

ord står der,

nogen som hun ikke før har kunne skænke en tanke,

for sådan er det med fortiden,

den er barsk og uforstående og efterlader sår på sjælen

Papiret glemmes derefter for en stund

År senere er familien samlet

Men ikke af glædelig årsag

Huset skal de tømme

og stilheden lyder af knuste familieminder og drømme

Men dér på reolen, ved siden af børnebilleder,

sidder en lille papirlap fra gamle dage.

Den er rynket og har foldelinjer

men pigen ved med det samme

at der er noget bekendt ved den.

Hun åbner den og smiler

Hun ryster på hovedet og tænker;

Den var da ikke værd at beholde?

På papiret står der:

Jeg er en pige

Og jeg har noget at sige

Vinden

Vinden er min ven

Den giver mig et kærligt skub i trængte tider

Og køler mig under den skoldende sommersol

Vinden giver mig et grin når mit hår sidder hulter til bulter

Og får blomsterne og bladende til at synge

Vinden er almægtig, den får bølgerne til at stå højt

Den knækker træer

Den forårsager ødelæggelse

Men ødelæggelserne gør os stærkere

Det er naturligt

Men Vinden ødelægger også min dag

Til tider

Den bestemmer hvad tøj jeg skal have på

Den den ødelægger mit hår og min makeup

Vinden blokerer mit syn

Og giver mig tårer i øjnene under dens mægtige blæst

Og den frustrerer mig til tider

For jeg vil ikke bestemmes over

Og når der bliver vindstille

Så savner jeg dens blide brusen

Og dens ihærdige rusken

Og dens rare kølige fornemmelse på huden

Men ikke mindst dens tilstedeværelse som alle kender

og selvom den generer til tider

er der ingen som foragter den

Jeg tror

At hvis der aldrig kom vind igen

Så ville verden være et ensommere sted

Og min verden ville være tom og fuld af ensomhed

Far

Jeg føler skyldfølelse over

at jeg har haft valgt dig fra

Jeg føler skyldfølelse over

at jeg stod på tæer omkring dig

Jeg følte mig ked af det og svigtet

Jeg følte skyldfølelse over

at jeg havde det bedst hos mor,

det er forfærdeligt,

Det piner mig

Du skubbede mig ofte ud i svære situationer

for at gøre mig stærkere

Men i virkeligheden knækkede du en 11-årig pige

og bad hende samle stykkerne op selv

Jeg forstod at du gjorde det i god mening

Men det gjorde ondt på mig

Man måtte ikke være i dårligt humør i dit hus

Du lod mig høre din bagtaling om min lillebror

når han var sur og ikke kunne afreagere på en fornuftig måde

Men hvorfra skulle han have lært det?

Du tvang mig til at fortælle hvorfor jeg var ked af det

når jeg ikke ville snakke og bare ville være i fred

Du ville fikse

Men du ødelagde

Du ødelagde min tillid og mine følelser

Du bad dem gemme sig væk for andres skyld

Og så blev du vred når jeg konstant undskyldte

Men jeg var jo til for at please andre?

Jeg vidste at en mindre fejl

som en lille hvid løgn for ikke at gøre dig vred,

at miste sit buskort,

at være vågen og sidde med sin telefon efter sengetid

at undlade at spise rugbrødet i madpakken

ville resultere i din vrede og en livslektion

Du blev vred når jeg smed mine madpakker ud i skolen

og når jeg løj om at smide dem ud

fordi jeg ikke ville gøre dig sur,

blev du blot mere sur

uden at tænke over at jeg var psykisk syg

og at jeg ikke kunne gøre for det

Du sagde: "Det er ens eget job at blive i godt humør igen"

Men hvordan skulle jeg bearbejde mine "dårlige" følelser

når jeg ikke engang havde lært at måtte acceptere dem?

Der blev ofte sagt *"lav* en dejlig dag"

Var det virkelig så vigtig for dig

at vi lærte at det var vores egne job

at holde os over vande?

Dette føltes altid som en passivt aggressiv måde at sige

'få styr på dit humør, vi gider ikke se at du er sur eller trist'

Var det så svært at sige "håber du *får* en dejlig dag"?

Kunne du ikke engang give udtryk for

at du ønskede at verden gav os medgang?

Du tromlede mig med dine højtidelige argumenter

hver gang vi diskuterede

jeg følte mig magtesløs når jeg skulle forklare mine følelser

overfor dine logiske argumenter.

Du sagde tit at du var så stolt over at være far til os.

Og jeg gjorde altid mit bedste

for at imponere dig og gøre dig stolt

For jeg så sådan op til dig

Du var min helt

Men så du aldrig

Alt det arbejde der blev lagt i?

Alt den frygt for din vrede og dine lektioner

Din skuffelse over os,

sekundet vi ikke gjorde som du ville?

Når mig og Kedde sloges

Og jeg bad om hjælp

Fordi han var stærkere end mig og jeg var bange

Sagde du at vi selv måtte finde ud af det

"Hvordan skal i ellers lære det?"

Mit hjerte sank

Jeg følte mig efterladt

Mit evigt rodede værelse

blev der også rettet på ofte

Men ingen forstod,

At mit værelse var en afspejling

af det kaos der fandtes

Inde i mit lille hoved

Hvorfor kunne du ikke forstå

at flere lister

og huskenoter

og alarmer

ikke ville hjælpe på min glemsomhed?

Hvorfor gjorde du det til mit job

og blev derefter vred hvis jeg fejlede?

Det var som et trappetrin jeg aldrig kunne nå op til,

En evigt umulig forventning

Jeg følte mig ikke som et godt barn

Jeg følte mig som en dårlig datter

Jeg følte at jeg skulle bevise mit værd hele tiden

Og at jeg jeg skulle leve op til din overfladiske "stolthed" over mig

En stolthed jeg ikke havde gjort mig fortjent til

En der var designet med facader og løgne

Så kom dagen hvor du eksploderede

Vi var der alle sammen for dig

Hele familien i en stor krammer imens du græd

Og jeg gik i stykker indeni

En lille Laura græd aller inderst inde i mig

Et sted som var blevet pakket væk for fars skyld

jeg troede du ville smadre mig,

jeg troede at du ville slå mig,

jeg troede at du hadede mig

og at jeg var en forfærdelig datter

bare for at have løjet for at beskytte mig selv.

Vi måtte heller ikke holde fast i indkøbsvognen

da vi var små

fordi det føles træls for *dig*

Når vi egentlig bare ville føle os trygge

og følges ad med vores far

Når jeg var hjemme og undskyldte for noget småt,

sagde du tit "det er ikke noget du skal undskylde for"

"hvorfor undskylder du"

"der er intet at undskylde over"

Men du tænkte aldrig over

hvorfor jeg hele tiden undskyldte,

Du og din opdragelse af fine lille medgørlige Laura

fik mig til at føle at jeg skulle undskylde hele tiden

Jeg følte mig som en konstant byrde

Jeg føler mig stadig som en byrde

Vores hus var som en kasserne

Pligterne skulle gøres pletfrit og uden brok

To stykker toiletpapir maks

Og jeg følte mig skamfuld og bange når jeg brugte mere end 2

Når jeg havde menstruation

Jeg frygtede din vrede i stort set alt jeg gjorde

Jeg turde ikke engang ligge med telefonen efter sengetid

Fordi jeg vidste

At du ville tjekke ind hos mig

Og blive vred

Far del 2: Min helt

Nu er du anderledes

Alt dette var i fortiden og du har ændret dig

Så utroligt meget

Jeg forstår det slet ikke

Og jeg er stolt af dig

Men det gør mig vred

At jeg ikke længere kan være vred på dig

Jeg kan ikke længere stå op for lille laura

som led i hendes barndom

For du er ikke den samme som du var dengang

det hele er så forvirrende

Jeg ser op til dig

men var jeg skuffet over dig

men jeg ved at du er menneske

og jeg elsker dig

og jeg tilgiver dig

og du er stadig min helt

Min helt som

aldrig gav en fuck om min karakter,

blot var stolt af mig for at have prøvet mit bedste

og ville have mig til at være lige så stolt af mig selv

som du var

Ham der tog mig på skuldrene

når benene ikke kunne mere

Ham der gjorde sit allerbedste

for at holde de fedeste pige fødselsdage for mig

med prinsesse kage og skattejagt

Ham som altid troede på at jeg kunne

Uanset hvad jeg ville

Ham der altid gør sit yderste for at underholde

og som altid husker at dem i hans liv

og går out of his way for at gøre dem glade

Ham som kørte mig 4 timer hjem fra sommerhus

og 4 timer derhen igen

blot fordi jeg ikke kunne mere

Ham der bagte kage til min klasse med mig

Og malede mit værelse pink

da jeg ønskede mig det

og gav mig et hamster da den var min drøm at få en

ham som behandlede mig som en prinsesse

hans lille prinsesse

Men han beskyttede mig også

Fra kropslige standarder af topmodeller

og som er villig til at hente mig

klokken lort om natten

hvor end jeg er hvis jeg har brug for det

Han er også den der har lært mig selvforsvar

Og hvordan jeg passer på mig selv

Som også tog til gruppe terapi

hver gang en ny diagnose poppede op

Og ønsker at gøre alt for min sundhed og velvære

ham som altid vil sende en 50'er når man mangler

i en uforventet situation

og som ønsker for mig

at jeg får det bedste liv jeg kan have

og jeg forstår

hvis du er træt nu

fordi du har prøvet dit aller bedste i mange år

og du har levet meget for at gøre andre glade

ligesom jeg har

og vi to har skulle lære samtidigt

hvordan vi passer på os selv

og at vi ikke kan holde til

at eksistere blot for at please andre

og jeg tror vi kommer til at finde ud af det hele

men det tager tid

og det samme gør det at hele et sår

som det sår vi begge har fra fortiden

af misforståelser, fejltagelser og fortrydelser

men Jeg stopper aldrig med at være din datter

Jeg kommer aldrig til at kunne hade dig

og du må ikke misforstå

for jeg ved at tingene er anderledes nu

og lille Laura havde blot brug for at udtrykke

sin opsparede vrede

Jeg er så vred på dig far

men jeg tilgiver dig far

Og jeg elsker dig højt far

Højere end du nogensinde vil kunne forstå

Farmor

Du er styrken

Vor families lim

Du er det stillestående egetræ

I den hårde storm

Du er vor tryghed

Du er vores barndoms kæreste minder

Du er vort forbillede

Og vor stolthed

I en tid

Så svær som nu

Forstår jeg godt hvis egetræet knækker

Hvis limen går op

Og hvis borgen du har bygget brister

Men så er det godt at vi har lært

Af så smukt et menneske som dig

Hvordan man holder sammen

Hvordan man passer på hinanden

Hvordan man skaber tryghed

Hvordan man kan være det menneske

Man stræber efter at kunne blive

Blot en lille smule

Vi er her for dig

I denne tid

Hvor kræfterne måske ikke altid rækker

Hvor kroppen er træt og piner dig

Hvor du på mest uselviske vis

Stadig står så stærkt som du kan formå

Stadig holder os samlet om dig

Stadig passer vor alles farfar/morfar

Og ikke passer så godt på dig selv

Som du i virkeligheden fortjener

Vi er her for dig

Og vi er så taknemmelige

at du derfor aldrig må tøve

Med at spørge om hjælp

Med at bede om en kærlig hånd

For blot os nærmeste

Har 28 hænder

Som vi gladelig vil låne dig

Du samler os

Og du elsker os

Ubetinget

Trods alle fejl vi måtte have

Og du er så fuld af kærlighed

At man kun kan tro

At engle findes på jord

Man ved det

Ved blot at anskue dig og alle dine bedrifter

Store som små

Din aftenbøn for os alle hver dag

Din overbærenhed med børnebørns kaos

Dine kæmpe måltider til højtider

Med mandler til hvert et barn

Er kun små eksempler

På den enorme kærlighed du rummer

Og vi elsker dig

Mindst lige så højt

Og vi har lært hvordan man elsker

Af dig

Du smukkeste og stærkeste sjæl

Kontraster

Jeg hader hvem du er

Når du går amok

I nydelser og voldsomme afprøvninger af nyt

Og overtræder mine grænser

Men du ser det slet ikke

Opslugt af alt det spændende, nye

Du ignorerer dine basale behov

Du kræver ikke respekten du fortjener

Og som din krop fortjener

Du skal bare have mere

Et grådigt, opmærksomhedssøgende sind

Og selvom det ikke altid føles som om vi er det

så hader jeg at jeg er dig

Og du er mig

Vi er en og samme

Og jeg kan ikke undgå skammen der følger med

At have nul kontrol over

Hvordan du ødelægger

Og lægger mit liv og mine relationer i ruiner

Og så skal jeg tage skraldet

Jeg skal dykke ned i det uendelige mørke bagefter

Og føle umulighedsfølelsen af at skulle fikse

hvad du har ødelagt

Mors tillid til mig

Venskabers funktionalitet

Grænser andre har sat

Fordi du er egoistisk

Men du gør det ikke med vilje

Du har ikke filteret der har medfølelse

For dine medmennesker

Du forstår det ikke og du vil ikke forstå

For livet kører med 100 kilometer i timen i en byzone for dig

Når du får styringen

Og du træder stadig speederen mere i bund

Uden tanke for hvad det gør ved dem omkring dig

Som desperat prøver at bremse fra bagsædet

Men ikke kan nå

Og blot må lukke øjnene og "brace for impact"

Du er ubetænksom

Og egoistisk

Og ikke den person

jeg gerne vil være.

Som vi gerne vil være

For jeg ved at du ikke er forbilledet

For os som helhed

Du er ikke hvem vi vil være

Du er hvem *du* vil være

Jeg hader dig

Men jeg elsker dig

For jeg ved

At det ikke er din skyld

Du er syg

Og du gør dit bedste for at klare dig

I en verden hvor du ikke kan være ung

Som alle andre omkring dig

Og skulle tage tusind gange mere hensyn til dig selv

Og leve med et handikap du aldrig bad om

Men du giver mig også så meget

Du giver mig en følgesvend i denne umulige sygdom

En glad og udadvendt følgesvend

Som har givet mig relationer jeg ikke turde opsøge før

Og givet mig oplevelser og minder

Jeg aldrig kunne drømme om

Jeg ved også, at jeg har ødelagt mere end du har kunne

Jeg lod os indlægge i et halvt år

Jeg prøvede at livsberøve os og tage os fra

Dem som elsker os, og den verden

vi jo egentlig elsker

jeg gav os spiseforstyrrelse

og angst

og stress

og skolevægring

og jeg ved

At jeg gør mindst lige så meget skade som dig.

Jeg får bare ikke lov at komme til overfladen

Så ofte som du

Og derfor er det nemmere at hade dig

Fordi du får chancen

for at ødelægge os tit

og den chance tager du også

hver gang du får muligheden

Jeg forstår at din hjernekemi er forkert

Og det er ikke din skyld

Og det er ikke min skyld

At du er syg

At vi er syge

At *jeg* er syg

Og jeg tilgiver dig

Og jeg anerkender dig

Og jeg accepterer dig

Eller, det prøver jeg på

Min kære angst

Jeg bebrejder dig ikke

For al den smerte

Du forsager mig

Og min familie

De begrænsninger du giver mig

Og det liv jeg kunne have haft

Som du har berøvet mig

For du forstår jo ikke bedre

Du mærker blot en verden

Jeg ikke passer ind i

Og skærmer mig fra den

Du er min vagt

Min sikkerhedsvest

En overbeskyttende forælder

Som holder mig inden døre

Afholder mig fra menneskelig kontakt

For hvad hvis de ikke kan lide mig?

Hvad hvis de slet ikke er søde?

Hvad hvis det kommer til at forårsage

Min fremtidige smerte?

Og dine metoder har jo virket

På sin vis

Du har reddet mig fra ubehagelige situationer

Og passet på mig altid

Men det er nu på tide at tage afsked

For jeg er voksen nu

Og jeg har lært,

At det er okay at fejle

Det er okay at føle smerte

Det er okay at tingene ikke går

Som man havde forventet

Og jeg overlever ubehaget

Ved nye situationer og folk

Jeg er meget stærkere nu

Og jeg er stolt over

At jeg ikke længere

Har brug for dine støttehjul

Selv om de tjente mig godt for en stund

Tak for alt du har gjort for mig

Min kære angst

Savn

Vi var aldrig

Sådan rigtig tætte

Og vi havde aldrig

Dybe samtaler

Jeg forstod ikke helt hvorfor

Vi havde jo chancen ofte

Nu er den chance væk

Og vi brugte den aldrig

Jeg savner dig

Der er så meget jeg vil sige

Spørge dig om

Høre dine historier

Kramme dig en ekstra gang

Jeg kan huske

Da jeg var lille

Tre minder jeg holder allerkærest

Vi sad i bilen

Klar til at køre på en ferie

Og jeg var søvnig så jeg lagde mig

med lukkede øjne

Du troede nok at jeg sov

Og så mærkede jeg din hånd på mit hår

Blidt og forsigtigt

Du nussede mig

Jeg følte mig tættere på dig

end nogensinde før

og jeg kunne mærke kærligheden

du havde til mig

selvom den ikke blev påtalt

Jeg husker også den gang

Hvor vi to drog på sejltur

I gummibåden

Den var en kedelig grå farve

Og der var intet sjovt at lave i den

Skulle man tro

Men jeg hyggede mig *sådan*

Bare dig og mig

Og mit lyserøde fiskenet

På tur

Du var tålmodig med mig

Der var tusind krabber der skulle fanges

Og da mor ringede og bad os

Komme hjem til aftensmad

Sagde du ja

Men du kiggede på mig med et smil

og hviskede

"Vi bliver her så længe du vil"

Jeg husker også

Den gang vi var på besøg

Og det var tid til godnathistorie

Vi samledes på jeres soveværelse

Og var klar til at få læst højt af mormor

Som vi plejede

Men så spurgte vi om du ville læse højt

For en gangs skyld

Du blev så utroligt glad

og sagde selvfølgelig ja

Din historiefortælling var anderledes

Men det var en god anderledes

Det var bygget af ren kærlighed

Og stolthed

Over at måtte overtage rollen

Som den nødvendige aften-historie-fortæller

Jeg synes altid godt om at besøge dig

Du var den bedsteforælder

Som altid gav slik

Bag om ryggen på min mor

Og spiste alt på juletræet

Inden klokken 6

Og lod os have krabber

På dækket af din båd

Komme ind med beskidte sko

Og rode allevegne

Du lod mig vække dig klokken 4

Fordi jeg ville se tv

Og du brokkede dig aldrig

Trods forskellige mén

Du sloges med

På en måde så jeg op til dig

På en måde savner jeg dig

Men det føles jo ikke som om du er borte

For jeg fik aldrig taget ordentlig afsked

Jeg kunne ikke

Ikke efter mormor

Men nu føler jeg

En konstant tyngde

Hver gang det går op for mig

At jeg ikke bare kan ringe

Ikke bare kan besøge dig

Ikke bare kan tage på sejltur med dig igen

Ikke kan se ørkenens sønner med dig

Og skraldgrine over sjofle vittigheder

Og heller ikke hygge os over

At have stjålet alt juleslikket

Og at bage klejner og andre småkager

Åh min kære morfar

Du er højt savnet

Vi mødes nok igen en dag

Og så skal vi snakke

Om alt det vi aldrig nåede

Og selvom jeg ikke kan sige det til dig personlig

Så skal du vide at

Jeg elsker dig

Alt det vi ikke må

Du er en underlig en

Og jeg kan ikke så godt lide dig

Jeg har nemlig aldrig helt forstået dig

Blot lagt mærke til

Alle de ting du bestemmer

Hvad jeg ikke må sige

Hvad jeg ikke må gøre

Hvordan jeg ikke må tænke

Jeg vil da hellere være fri

Til at opleve alt hvad verden har at byde på

Uden at være bange for

At blive bedømt

At blive set på med dét blik

Jeg må ikke snakke om sex

Selv om jeg har så meget at sige

Sex er sundt

Næsten alle gør det

Og alligevel

Vil ingen have at det bliver sagt højt

Ikke ved bordet

Ikke med familien

Ikke i klassen

Ikke i offentligheden

Og til en vis grad forstår jeg hvorfor

Det er jo *upassende*

Men hvorfor skal det være dét?

Det er jo naturligt

Det er sådan dig og mig kom til

Og alle før os

og alle efter

Jeg får dog lov at snakke om det

Alligevel

Jeg får et frikort

Fordi jeg er teenager

Men det er jeg jo snart ikke længere

Og fordi jeg er autist

Og dér vil jeg stadig snakke højt

Uden bedømmelse

Og negativ anskuelse

Og hvad med politik?

Hvorfor vil ingen sige hvem de stemmer på?

Hvorfor er alle bange for debatten der opstår

Når du og jeg er uenige?

Hvorfor kan vi ikke sætte os

Og lære af hinanden

Uden vrede

Og forargelse

Og bedømmelse

Blot interesse

For vores medmenneskers tankegang

Men jeg forstår

At folk ikke kan lide den slags

Og der er mange der ikke kan

Holde sig fra

At kæfte op

Og blive ubehagelige

Ligesom fodboldfans

Efter en lige kamp

Som skriger i hovedet på hinanden

At den anden tager fejl

Jeg ville ønske

At det var nemmere

At tage hensyn til dig

Men jeg er for nysgerrigt et menneske

Til at kunne holde kæft

Og hvad så med religioner?

Vi er tilbage i børnehaven

To børn der råber

"min far er større end din far"

Eller nok nærmere

"Din far findes ikke! Min gør!"

Vi kan ikke sætte os sammen og acceptere

At der er forskellige behov

Forskellige trosretninger

Forskellige samfund

Forskellige forskelligheder

Folk bliver så vrede hvis man siger

Det tror jeg ikke på

De tager det som et angreb

Men hvordan tror man?

Det er jo ligesom ikke at tro på lyserøde elefanter

Ligegyldigt hvor meget jeg prøver

Eller hvor meget jeg ville ønske at jeg kunne

Og at jeg kunne passe ind

Så kan jeg ikke

Men jeg har da stadig forståelse for

Hvad religion giver folk

Og hvordan det har gjort fantastiske ting

Men Gud forbyde

At der tales om alt det dårlige religion gør

Krige

Diskrimination

had

Vold

Men jeg synes det er spændende emner

Og det er spændende at have åbne samtaler

Uden bedømmelse

Blot nysgerrighed

Og respekt

Jeg forstår at jeg ikke skal sige disse ting højt

Og alligevel har jeg lyst

For jeg forstår ikke en reel grund

Til ikke at måtte

Udover andres vrede

Det er sgu træls

Men jeg respekterer det,

Sådan da

Du er en underlig en

tabu

Samler

Jeg ser altid noget

Som jeg bliver *nødt* til at have

For hvad hvis jeg får brug for det senere?

Men senere kommer aldrig

Og tingene hober sig op

"tænk på alt hvad du kunne have

Hvis du ikke købte alt, hele tiden"

Og jeg tænker

Sidder fast i mit eget rod

Og det er svært selv at skulle stå

Til rådighed for mine egne skuffelser

Men lige midt i mit tankespind

Og mine forhåbninger om forbedring

Så ser jeg

Endnu en værdiløs genstand

Men værdiløs er den ikke for mig

Jeg ved præcis hvad jeg kan bruge den til

Om 10 år skal den stå på en hylde

Og pynte

Men der er ikke længere nok hylder i verden

Til at holde alle mine genstande

Det er en sorg

Som forfølger mig

Som at se personlighed og kærlighed

I alle ting

Gamle som nye

Smukke som grimme

Fordi de ville passe flot ind

Hvis jeg *også* havde en anden ting

Og jeg kan umuligt skille mig af

Med alle de små dimser

Som rummer muligheder

Og ideer

Og hvad-nu-hvis 'er

Men jeg kan klare sorg.

For jeg ved

At alle ting jeg lægger fra mig

Giver plads til nyt

Noget der kan bruges i nuet

Noget som oprigtigt vil gøre mig glad

Noget der er en forlængelse af *mig*

For jeg er ikke mine genstande

Jeg er mig

Tomhed

Jeg skriver og skriver

Med flere og flere

Jeg får accept og anerkendelse

Og de får hvad de vil have

Billeder, videoer, sex

Alt jeg kan gøre for at tilfredsstille dem

Gør jeg

For det fylder et hul indeni mig

At blive rost til høje himle

At gøre dem glade

Alle komplimenterne

Men der kommer et punkt

Hvor det pludselig gør ondt

Og føles overvældende

Hvor jeg forstår

At jeg aldrig sagde nej

Selvom jeg tænkte det

Men jeg var opslugt af ideen om

At kunne være hvad de manglede

Uden at se på hvad jeg manglede

Nus, kys, kram

Intellektuelle samtaler

Komplimenter

Ikke kun til min krop

Men også til mit sind

Hvem *jeg* er

Men det får jeg ikke

For jeg leder de forkerte steder

Og jeg går tilbage til fusere

Uden videre tanke

Fordi jeg håber

At den ikke eksploderer i hovedet på mig

Men det gør det næsten altid

Jeg gir og gir

Og hullet vokser og vokser

Jeg kan kommunikere hvad jeg vil have

Og få anerkendelse i det af mænd

Men jeg får det ikke

Jeg gir min krop væk

Som en prostitueret

Imens mit sind græder efter kærlighed

Og rolighed

Og stabilitet

Men 1 dreng bliver til flere

Og tomme ord holder mig fast

"det er okay"

tænker jeg

"Jeg kan leve med det"

"Jeg har prøvet værre"

"Jeg behøver heller ikke få noget igen"

"Det var alligevel min skyld"

Men jeg lyver for mig selv

Og lille Laura på 13 år

Der ønskede sig prinsen på den hvide hest

Fik gadesælgere på æsler

Som sælger tomme ord

Og en falsk følelse af sikkerhed

som tager og tager alt hvad jeg har

Og jeg giver det glædeligt

Men jeg glemmer lille Laura

Som fortjener prinsen

Som fortjener mere end ord

Mere end simpel kærlighed

Hun fortjener alt hvad jeg kan give hende

Men hvorfor gør jeg det så ikke?

Hvorfor giver jeg hende væk

Til mænd der ikke fortjener hende?

Blot for at fylde et tomrum

Hun aldrig har lavet

Måske skal jeg træde tilbage

Lade folk møde mig

I mit akavede selskab

Finde nogen der vil acceptere mit sind

Og lille Laura

Og som vil behandle hende

Som prinsessen hun altid har villet være

Måske skal jeg stoppe med at søge

Og lade skæbnen tage roret

Som Natasja så klogt har sagt

"Ro på den lille krop

Livet er langt og du når det nok"

Jeg vil ikke ødelægge min ungdom

Fordi jeg ikke lyttede til mine grænser

Men blot prøvede at indhente tiden

Som jeg mistede som yngre

Nu vil jeg lade Laura få ro og respekt

Det fortjener hun

Min historie

Det er uretfærdigt

At jeg som 6-årig begyndte at få kronisk ondt i maven

Og ikke måtte komme hjem fordi jeg var "dramatisk"

At ingen forstod at det var en begyndende angst diagnose

Som stak næsen frem, og pinede mig

At jeg begyndte at people please som 6-årig

Det er uretfærdigt

At jeg som 9-årig

Så mig selv som fed

Og begyndte at smide min mad ud bag ryggen på folk

og at jeg som 11 årig begyndte at vokse i højden, men tabe mig

at jeg skulle finde ud af hvad selvskade var igennem venner

og at jeg selv begyndte kort derefter

Det er uretfærdigt

At de andre som selvskadede kunne stoppe igen

Men jeg kunne ikke

Det blev bare værre og værre

Indtil jeg blev opdaget

Og mine forældre græd

Alle 3

Og jeg skulle starte på psykiatrien

Snakke med tusind mennesker om alt det værste i mig

Uden at vide

At det i fremtiden kun ville blive værre og voldsommere

Det er uretfærdigt

At jeg kom ind på spiseforstyrrelsesambulatoriet

Som styrede med tvang, hård hånd og traumer

Uden at bearbejde det kaos der var i mit hovedet

Så længe min vægt var fin

Så havde jeg det godt

Synes de

Og som 13 -årig havde jeg meget skolevægring

Og skulle udredes igen

De kom frem med 3 flere diagnoser

Først nu fik jeg en psykiater der hjalp

Psykologer der ville "kurere" min adhd med meditation

Og forventede at jeg sagde

"det virker!"

Men det er ikke sådan at det fungerer

Det er uretfærdigt at

Far gav mig et traume ved et uheld

Som 13 årig

Der ramte mig så hårdt

At jeg måtte flytte permanent over til mor

Og føle mig som en forfærdelig datter

At gå uden kontakt med min elskede far

Og savne ham hver dag

Imens ham og mor kæmpede for retten over mig

Og ødelagde deres venskab

Det er uretfærdigt

At jeg som 15 årig

Skulle udredes endnu en gang

Og blev indlagt frivilligt på psykiatriskafdeling

Uden at vide

At jeg ville blive indlagt mange gange efter

Efter en måned

Finder de ud af

At jeg har flere diagnoser

Det er unfair

At jeg efter dette, udvikler

Selvmordstanker

Spiseforstyrrelse igen

Psykose

Og påtrængende tanker

Og at jeg en måned efter at være kommet ud,

bliver indlagt med selvmordstanker og planer

som 15-årig

jeg er indlagt på min 16-års fødselsdag

og er indlagt i endnu en måned

og ikke har kunnet gå i folkeskole i flere år

jeg mister venner

jeg bliver kaldt en byrde af dem jeg havde tættest

og jeg følte mig ulideligt deprimeret

Det er ikke fair

At jeg måtte opgive min drøm om efterskole

Og i stedet gå på en handikapskole

Og at jeg efter en voldsom episode

Med min daværende bedste ven

Prøver at begå selvmord

Der gik 15 minutter

Fra jeg fik tanken

Til jeg tog 5 gange den dødelige dosis antidepressiv

Og måtte vække min mor klokken 1 om natten

Og fortælle hende at hendes største frygt

Aktivt var ved at ske

Det er unfair

At efter en tur på akutmodtagelsen

blev jeg indlagt

og de beholdte mig kun i et døgn

før jeg vil overbevist samtlige psykiatere og læger om at

«Det var impulsivt, og jeg fortryder det. Jeg er okay»

De lod mig gå hjem

Imens min mor panisk gemte alle piller i huset

Men jeg fandt dem.

Jeg gemte dem

Og en uge senere

Tog jeg 8 gange den dødelige dosis

Jeg fortalte det ikke denne gang,

men efter bivirkningerne satte ind

og jeg rystede overalt

tjekkede mor pillerne og måtte køre mig på hospitalet igen

klokken 4 om morgenen

Hun græd

Det gjorde jeg ikke

Jeg kunne intet mærke

Det er uretfærdigt

At jeg var indlagt i en uge med drop

og muskler der ødelagde sig selv

Og efter dette kom jeg ind på psykiatrien

Og var indlagt i 5 måneder

Her udvikler jeg bulimi

Og bliver totalt skærmet fra omverdenen

Mine læger og psykiatere samt forældre

Nåede at give op, fordi det ikke blev bedre

Og jeg ville gerne dø

Hver dag hele dagen

Jeg kunne logisk forklare hvorfor det ville være bedst

At jeg døde

Det er uretfærdigt

At jeg skulle starte forfra med at lære selvhjælp

At jeg skulle starte forfra med skolegang

At jeg skulle bygge tilliden op imellem mig og mor

Og at jeg skulle indlægges endnu en gang fordi jeg var stresset

Det er uretfærdigt at jeg som 18-årig skulle udredes for 4. gang

Og får konstateret bipolar

En livslang sygdom der saboterer og ødelægger alt jeg har kært

Og at jeg skulle få en første kæreste

Som jeg skulle tage mig af

I stedet for at blive taget af som jeg trængte til

Men

Jeg er taknemmelig for

Min rejse

Mine erfaringer

Min selvindsigt som bliver rost af alle professionelle jeg har mødt

Alle de gode mennesker jeg har mødt

Mine venner jeg har fået på vejen

Min gamle skole VUK som reddede mig

At jeg kunne starte uddannelse og klarer mig flot

At jeg har kunne tage kørekort

At jeg har fået styr på min angst

At jeg har kunne holde tale flere gange for vigtige kommunale

mennesker

For at forbedre vores sårbare ungdoms verden

At jeg har kunne dimittere folkeskolen og VUK

Og jeg er taknemmelig for alle de mennesker som har hjulpet mig

Bulimi

Min spiseforstyrrelse

Er et tabu

Folk vil ikke høre om opkast, snot og tårer

Og den er ikke anerkendt.

De professionelle behandler den

Som om den kun manifesterer sig som vægttab

Og ikke som et mindset

De ser mig som kureret

Når jeg er symptomfri

Men hvad de ikke forstår

Er at bulimi er en afhængighed

Lige såvel som stofmisbrug og alkoholisme

Man bliver fanget i et destruktivt hjul

Og det bliver vanedannende

Det bliver kodet ind i din hjerne

Det er måden du overskuer at komme igennem din dag

Dit" fix" kan ikke vente, det er nu

Så hvorfor siger vi

"Jeg *var* spiseforstyrret"

Og ikke

"Jeg *er* spiseforstyrret, men symptomfri ligenu"

For den er livslang

Og går aldrig væk

Den ligger bare på skjul

Venter på den næste nedtur

Og så bider den sig fast

Som en bjørnefælde omkring anklerne

Min spiseforstyrrelse er en mekanisme i mig

Og en ven

Som passer på mig

Og hjælper mig med at afreagere

Og at få ro på

Og den definerer mig ikke

Nostalgi

Den gladeste tid i livet

Er uden tvivl barndommen

Kendetegnet af sin

Uskyldighed,

Nysgerrighed,

Kaos,

Og den reneste glæde

barneglæden

Nostalgien kommer af

de minder

Og sanser

Og følelser

Som var stærkest

Og som aldrig går væk

Minder som

Sæbebobler i farmor og farfars have

Juleaften og gaverne man ikke kunne vente med at åbne

Lyden af mors radio musik om morgenen

Duften af morfars småkager

At klatre alt for højt op i træerne

Og falde ned igen

Og lære af det

Slåskampe med lillebror

Krammere af far og mor

At fange krabber på stranden

Bland selv slik for 20 kroner

At hoppe i vandpytter og mudder

At hoppe på trampolin indtil man var stakåndet

Og at spise is sammen under sommersolen

Disse minder er vigtige at holde fast i

Det er grunden til at vi som voksne

Ikke mister håbet

Om en lykkelig verden uden bekymringer

For vi har selv oplevet den

Må jeg sove i din seng?

Må jeg sove i din seng?

Spørger han

Seksten år og hjerteknust

"Jeg tror aldrig det bliver godt igen"

Men det ved jeg at det gør

For jeg har set dig skinne

Få topkarakterer i alt hvad du rører ved

At blive forelsket og nægte at fortælle om det men at smile

uafbrudt

At få venner så let som ingenting

Og at kunne være social

Og jeg har selv været dér

Og det har det meste af verden også

Det bliver godt igen

Jeg skal nok tro på det for dig

For jeg ved at det ser håbløst ud ligenu

I dine øjne

Og du må da altid sove i min seng

Når du har brug for din storesøster

Så er jeg her altid

Det er mit privilegie som søster

At have fulgt din historie siden du blev født

Og at elske dig selv når vi skændes allermest

Du er højt elsket

Og det skal nok blive godt igen

Det ved jeg

Bulimi

Det burde være en rolig aften

Og udadtil så det sikkert således ud

Men i mit hoved er der alarmklokker og sirener

En timer er gået af

Der er nu gået 30 minutter

Siden vi satte os for at spise

Det er nu tid til at få det op igen

Men mor holder øje

Badeværelsesdørene er låst

Og min portion

med præcist 342 kalorier tilbage

skal spises op

og så en pose chips

og så noget chokolade

og så en skål koldskål

Det er et tankemylder der flyder over

Jeg giver mor et stressfrit smil

En løgnagtigt smil

Og går ind på mit værelse

Låser døren

Og kaster op i skraldespanden.

Det svider

Og mine fingre brænder

af at være skrabet af tænderne

men alligevel anstrenger jeg mig

for at være stille

for jeg vil ikke skuffe de andre

eller skræmme dem

og jeg føler mig som en ussel datter

at jeg lyver og går bag om ryggen

men jeg kan ikke lade være

for alarmklokkerne skræmmer mig

og en stemme skriger til mig og fortæller

hvor mange minutter jeg har tilbage

Før jeg skal have maden ude af systemet igen

Det er en dårlig vane

Men også en komfort i en travl hverdag

Noget jeg kan kontrollere

Spise mit yndlingsmad uden konsekvenser

I hvert fald ingen kortsigtede konsekvenser

Men jeg ved at jeg ødelægger min krop fysisk

Som resultat af en ødelagt psyke

Men det er nemmere

Blot at lade tankerne styre en

End at kæmpe imod

Og jeg ved ikke

Om jeg har kræfterne længere

Til at kæmpe imod.

Til kameramanden

(et digt om vrangforestillinger)

Hej kameramand

Hvorfor filmer du mig?

Er det sjovt?

Er det din hobby?

Er du overhovedet ægte?

Du har kameraer under min dyne

I min sæbedispenser

I brusebadet

Og i stuen

Du ser på mig igennem min telefons kamera

Og lytter med i private samtaler

Ser mig gå i bad

Og have sex

Alt det jeg skammer mig over

Og som gør mig pinligt berørt

Hvorfor gør du dog det?

Og ved mine forældre at du gør sådan?

Eller gør du det helt af dig selv?

Hvis mine forældre ved det

Er de så blot skuespillere?

Er min mor min rigtige mor

Eller har du blot manipuleret billederne af min fødsel?

Elsker de mig,

Eller beder du dem lade som om

Så du får en bedre film?

Du gør mig ked af det

Og bange

Og du gør mig utrg

Og skeptisk.

Er menneskerne omkring mig oprigtige?

Eller har de fået job hos dig?

Hvad af min hverdag er ægte

Og hvad er opsat skuespil?

Hvorfor gør du det her imod mig?

Hvorfor kan du ikke give mig fred?

Jeg kan aldrig finde bevis på at du er der

Og at du filmer mig

Og lytter med i mine samtaler

Og at du læser mine tanker

Men jeg ved at du gør det.

Og hvis min familie siger at de ikke er skuespillere

Så ved jeg at de lyver

Fordi du har bedt dem om det

Hvorfor gør du sådan kameramand?

Jeg kan ikke lide dig.

Jeg håber jeg en dag kan være fri for dig.

Farvel kameramand.

Påtrængende tanker

Fuck dig

Du stemme

Som siger til mig

At jeg vil begå selvmord

Og voldtægt

Og mord

Og at jeg vil

Gøre dem jeg holder af

Fortræd

Fuck dig du hjerne

Som giver mig billeder i hovedet

Af hvordan jeg vil udføre handlingerne

Og som lader mig se at jeg kører af vejen

Så jeg ikke kan se

At jeg kører i en fin lige linje

Og som viser mig

Grusomme billeder

Af mig der stikker familiemedlemmer ned

Og af mig der hopper ud fra broen

eller bygningen jeg står på

Og fuck dig verden

For at have gjort disse påtrængende tanker

Til et tabu

Selvom jeg aldrig har bedt om dem

Og ikke er enig med dem

Og ikke vil have dem

Det er en sygdom

Og jeg kan ikke gøre for det

Men jeg kan vide

At det ikke er noget JEG vil gøre

Og har LYST til at gøre

Det er blot en syg hjerne

Der giver et skrigende udtryk

For dens smerte

Zoologisk have

Jeg kan mærke myrene som kribler og krabler under min hud

Jeg kan mærke tyngden af en elefant på mine skuldre

Jeg kan mærke mit hjerte der galoperer hurtigere end en leopard

Jeg kan høre myggenes konstante larmen

Jeg kan mærke en ugles gennemborende blik i nakken

Men når jeg ser mig om er der ingen

Mit ben hopper og danser under bordet

Mine fingre leger nervøst med mit hår

Min mave og hovede banker og brænder

Og alligevel må jeg sidde stille, for verden accepterer mig ikke når

jeg gør sådan

Jeg kan mærke uvirkelige blikke fra menneskerne omkring mig

Jeg kan næsten høre hvordan de hvisker om mig

Hun er grim

Hun er dum

Hun er jo syg

Og jeg gemmer mig fra dem i min store hættetrøje

Mine venner ser anderledes på mig

Det er jeg sikker på

De holder ikke længere af mig

Jeg må ikke være med

Jeg er ikke længere en af deres

Og det passer nok ikke, men jeg kan mærke ensomheden der

mørklægger min hverdag

Så det er umuligt ikke at tro på

Derhjemme ligger mit værelse i ruiner

Det samme gør mine forhold til familiemedlemmer

Jeg skælder dem ud

Fordi jeg kunne høre dem trampe rundt

Og spise

Og trække vejret

En bekymring bliver til flere

Og pludselig er jeg oversvømmet

og fanget af angstens store hav af uendeligheder

Min koncentration er ikke længere i skolearbejdet

men istedet i tankerne om hvordan jeg er forkert

Hvordan jeg ikke vil gå glip af alle aftalerne jeg er med i

men simpelthen ikke kan overskue

Hvordan jeg egentlig hellere vil sove

Og hvordan den hylende lyd i mine ører aldrig holder op

og gør mig skingrende sindssyg

Men mest af alt lyder tanken om

hvor gerne jeg vil have alt til at ophøre

Alle lydene

Planerne

Menneskerne omkring mig

Blikkene

Hjertet der hamrer

Tyngden af livet

Og følelsen af ikke at være tilstrækkelig

Jeg vælger oftest at gå i seng

I sådan en situation

Men i dette tilfælde

Vil søvnen ikke overtage mig

Og jeg er efterladt med hvirvlende tanker og en umådelig tristhed

der overkommer mig

For jeg kan ikke bremse livet

Og alle arene det efterlader mig med

Så nu sidder jeg her

Med alle myrene

Elefanten

Leoparden

Myggene

Og uglen

Og prøver at finde mig tilpas

I en verden jeg måske ikke var skabt til at passe ind i

Jeg, sandkornet

Jeg ser hjælpeløst

Og magtesløst til

Imens alle andre suser forbi mig

I livets væddeløb

De er bragende succeser

Og jeg er bare

Mig

Jeg føler mig mere ubetydelig

End et sandkorn

Hvis eksistens

Bliver glemt

Når man ser på skallerne og muslingerne

Meget smukkere

Mere brugbare

Mere komplekse

Jeg føler mig tabt

Alle andre udvikler sig

Og ved mig står verden stille

Imens tiden suser forbi

Det er uhyggeligt

For jeg kan intet gøre for at stoppe det

Men det vil jeg nok heller ikke

jeg er så ulideligt deprimeret

At livet føles som en byrde

En opgave der var for tung til en som mig

At systemet hvorpå vores samfund og verden eksisterer

Ikke var designet til mig

Og alligevel lever jeg videre

Fordi jeg er for træt til at ende det

Og fordi jeg har en familie som elsker mig

Og inderligt tror at jeg kan finde min plads

I livets store puslespil

Men jeg er ikke enig

Jeg ser det gang på gang

At jeg taber

I et skakspil mod verden

Hvor jeg hverken kender reglerne

Eller kan flytte på brikkerne

Jeg sidder fast

I et spindelsvæv af tristhed

Som bliver mere og mere indviklet

Jo mere jeg prøver at undslippe

Døden

Jeg tænker på døden hver dag

Jeg kan ikke gøre for det

Jeg ser den

I nyhederne

Og på flagstængerne

Men også

I min mors grå hår

Og min fars rynker

Det skræmmer mig fra vid og sans

Og kunne jeg tage deres sted

Og dø for dem

Ville jeg gøre det

For jeg kan ikke leve med den viden

at vi skal dø

At jeg skal miste Grunden til at jeg er i live

Jeg lever for dem

Men i livets løb skal man miste

Sådan står der i himmelens regelbog

Men jeg håber ved gud

At jeg skal se dem igen

I det næste liv

I himmelen

Eller noget helt tredje

Jeg kan ikke udholde tanken ellers

Jeg ser også døden smile til mig

Hver fødselsdag

Smilet skriger af et-

"nu er du et skridt tættere på mig"

Og frygten overskygger så glæden

Ved at have haft endnu et års glæde og erfaring

Istedet mørklægges dagen

Og min eneste tanke er på alderdom og død

Det er en forfærdelighed

At vide at jeg spilder mit liv

På at frygte døden

Døden er jo uundgåelig

Men det er min angst også

Så jeg må blot se til

Imens jeg bruger mine dage

I min seng

Hvor jeg undrer mig over

Hvilken ondskabsfulde skabning

Der har besluttet at jeg skal miste mine elskede

Og at jeg skal føle at livet er ubetydeligt

Nu Når det alligevel skal slutte en dag

Og jeg ønsker sådan at det blot vil slutte idag

så jeg ikke skal være bange mere

Men på samme tid

Ønsker jeg at det aldrig vil slutte

Hverken for mig

Eller mine venner og familie

For jeg er inderst inde utroligt livsglad

Det er blot hårdt

at holde af noget

man ved er så skrøbeligt

og ikke varer evigt

Til min smukke mor

Jeg forstår ikke

Hvordan et individ

Ligegyldigt hvor stærk

Kan holde til det du har skulle holde til.

At skulle skilles

At din mor fik demens

Og din far, parkinsons

At miste begge forældre

Som du elskede mere end livet selv

At miste kontakt til din storesøster

At skulle have et utroligt vigtigt job der

Berøvede dig familie måltider

Når du arbejdede længe

Men det var måske okay

For dine færdigheder indenfor madkundskab

er ikke-eksisterende

Men også at skulle have to børn med handikaps

Og en der prøvede at tage livet af sig selv

Over og over igen

Lige foran næsen for dig

Som en lemming, sagde du

For at løfte stemningen

Men jeg vidste at det gjorde dig ondt

Og alligevel var du stærk på trods

Jeg elsker dig

Og jeg undskylder for alt du har skulle igennem

på grund af mig

alle mine angstanfald

alle mine opkald til dig

alle mine søvnløse nætter

alle mine manier hvor du kun kunne se på

imens jeg havde et crash and burn

alle psyk samtalerne du skulle med til

alt du skulle huske for mig da jeg var syg

al den medicin du skulle have styr på

og alt du skulle huske i forhold til at passe på mig

Du er det stærkeste menneske jeg kender

Og jeg ser sådan op til dig

Hvis jeg kan være blot en lille smule som dig

når jeg bliver voksen

Så er jeg godt tilfreds

Men det kan jeg nok ikke

Du er ekstraordinær

Du er en højt anerkendt overlæge

Som har skrevet sider i undervisningsmaterialet for yngre læger

Og som har udgivet mere end 75 artikler

Og været med i over 100 forskningsprojekter

Og jeg har lyst til at prale med at du er min mor

Og det gør jeg også

Og jeg håber du ved

Hvor stolt jeg er af dig

Og at jeg siger det ofte nok

Du har været igennem så meget

Så utroligt meget

Og jeg kommer aldrig til at forstå

Hvordan du har kunne klare det alt sammen

Men det gør dig blot

Til det sejeste menneske jeg kender

Og det sødeste

Jeg bliver så stolt hver gang folk komplimenterer dig

Om det er kollegaer eller mine venner

For hold kæft hvor har de ret.

Du er mit største forbillede

Alle siger at jeg ligner dig

Og hvis det er sandt

Så burde jeg aldrig have

kritiseret mit eget spejlbillede

og talt grimt til mig selv

for du er så smuk

og jeg priser mig lykkelig for at ligne dig

i andres øjne

for i mine

er du smukkere end jeg nogensinde vil blive

men hvis jeg kan ligne dig når jeg bliver ældre

vil jeg være lykkelig

for så vil mit ansigt også

være et evigt minde

og en evig gave fra dig

Tak for dig og alt du gør min skønne mor

Jeg vil helst ikke leve uden dig

Men jeg ved at det en dag vil ske

For du har bakket mig op i så mange år nu

At jeg ikke længere vil fra jorden tidligere end dig

Så derfor vil jeg passe og pleje dig

Når du en dag ikke kan mere selv

For du har været sej så længe

At når det en dag er min tur til at være sej

Så har jeg lært fra den bedste

Og vi to

Vi holder sammen resten af livet

For du er ikke blot min mor

Du er min allerbedste ven

Mine piger

Alle mennesker savner nogen

Som de kan dele livet med

Om det er en kæreste

En ven eller et familiemedlem

Jeg kan med stolthed sige

At jeg har fundet dem

Dem som har lært mig at elske mig selv

Og alle mine særheder

Og som har kickstartet min ungdom

Og oplevet den ved siden af mig

Dem som jeg griner med

Dem som jeg græder med

Dem der elsker mig ubetinget

Og jeg, dem

Det er dem som jeg skylder livet

For de gav mig mit.

Min ungdomsliv

Men også

Troen på at glæden findes

Og at et godt liv venter mig

Og at alting nok skal blive okay

Hvis blot de er ved min side

Jeg elsker jer mine tøser

Tak fordi i altid er der for mig

Tak fordi i har givet mig et venskab for livet

Tak for jer

Tæppet og monstret

Jeg ligger i min seng

Depressionen omslutter mig

Som et varmt tungt tæppe

Og det føles trygt og sikkert

Ikke at skulle forholde sig

Men blot ligge

Men Rundt om mig

Går der et monster

For tæppet og monstret

er en package deal

monstret tager form

som billeder af skrækscenarier

og tanker

Den viser mig de ubehageligste ting

Mine elskede personer som dør

Mig som dør

Alt det kaos der foregår i verden

Og det fortæller mig

De grimmeste ting

Alt hvad jeg ikke synes om mig selv

At mine forældre vil dø snart

Den fortæller mig også

At livet er kort

Og at jeg har brugt det meste af det

I sengen

Under det varme tæppe

Og har forspildt alle mine chancer

På at have et normalt liv

At det er for sent at prøve

Tæppet gør tanken om verdenen udenfor

Så utroligt uoverskuelig

For det er tusindgange rarere at låse sig inde

I en lille boble under mit tæppe

Hvor jeg selv bestemmer

hvor hurtigt livets tempo sker i

Og monstret gør livet skræmmende

For jeg føler mig alene om at skuldre

Alle verdens problemer

Og jeg føler mig som en kujon

At jeg ikke sender flere penge til dem i Nigeria

Eller Congo

Eller Palæstina

Eller hvor end der er brug for det

For jeg har det jo trods alt 'godt'

Jeg har en god familie

Jeg er i et rigt land

Men jeg er ikke rig på glæde

Jeg er rig på opsparet sorg og tristhed

Tiden går

Verden ændres konstant

Det føles farligt

Og pludselig ser det ikke længere tillokkende ud

At finde sig selv

Og et liv

Udenfor tæppet

Kærlighed

Jeg var altid typen

Der ønskede mig prinsen på den hvide hest

Og jeg kyssede utallige frøer

For at finde den der passede mig bedst

Du var min prins

Og du fik mig til at føle

At jeg var din prinsesse

Igennem gaver

Lange kram

ord

Kærlige blikke

vores uudtalte konnektion

Og Det at vi forstod hinanden

uden at behøve et eneste ord ytret

Alle siger at ens første kærlighed er noget man tager med sig

forevigt

Og de har ret

For jeg kommer aldrig til at give helt slip på dig

Jeg gav dig mit hjerte

Og jeg agter ikke at tage det tilbage igen

Du er forevigt ejeren

Og jeg er nu forevigt foruden dig

Du viste mig hvad kærligheden var

Hvad den havde at byde på

Hvordan det føltes

Og jeg sugede det hele til mig

Alt hvad vi kunne lære hinanden

Men vi fandt hurtigt ud af

At kærligheden også gør ondt

Den er smertefuld

Og hård

Og selvom vi fandt ud af at vi ikke var hinandens 'forevigt'

Så vil jeg altid elske dig

Jeg vil altid være glad ved mindet om dig

Og jeg vil forevigt være dig taknemmelig

For alt hvad du gav mig

Alt hvad du lærte mig

Og alle vores minder sammen

Tak for vores tid sammen

selvom det er pinagtigt at lade dig gå

Så ønsker jeg i virkeligheden for dig

Din glæde

Mit selviske ønske er

At vi finder hinanden om 20 år

Og finder kærligheden frem igen

For jeg kan ikke forestille mig en verden hvor det ikke ender ud

med os to

Men jeg ved at du skal videre

Fra sorgen

Og fra os

Så jeg ønsker mig blot at du finder din glæde

Om det så må være i en anden

Tak for vores tid sammen

Du som forevigt har en plads i mit hjerte

- Laura

Sammenligninger

Jeg ser dig i alt han gør

Hans berøring minder mig om din

Hans blik får mig til at mindes dit

Og det føles forkert

Du er stadig i alle mine tanker

Jeg føler fysisk ubehag ved

Den mindste kærlighed jeg finder hos andre

Fordi det minder mig om du og jeg

Og hvordan vi to var

Jeg sammenligner

Igen og igen

Dig og ham

Men jeg ved

Hos hvem mit hjerte stadig ligger

Og det er ikke hos ham

Selvom han er den eneste der vil have det

Han gir mig sit hjerte

Men jeg har ingen plads til det

For mit bløder stadig efter dig

jeg troede jeg var videre

Men det er jeg ikke

Ikke når du fylder i mine tanker dagligt

Og ligger på lur i mit hovede når jeg er på vej videre, klar til at sige

"men han er jo ikke mig"

Når jeg er sammen med ham

føles alt som om det går for hurtigt

Selvom det slet ikke går hurtigt

Slet ikke overhovedet

Men jeg vil i virkeligheden bare

Udsætte den nye kærlighed

Så længe jeg kan

For jeg er stadig ikke ovre dig

Og jeg ved ikke om jeg nogensinde bliver det

Mit hjerte græder for dem der oplever kærlighedssorger

For nu ved jeg præcist hvor smertefuldt det er

Og præcis hvor ødelagt man føler sig

Men hver gang jeg prøver at nærme mig dig

trækker du dig krampagtigt tilbage

Fordi "os" er en byrde for dig

Det er smertefuldt

Og jeg forstår

Jeg mærker det også

Men smerten af at være sammen kunne aldrig sammenlignes

Med smerten af at have mistet dig

Og jeg vil nu lade dig være

Lade dig hele

For det fortjener du

Åh hvor jeg ønsker for dig at du vil hele

Spejling

Jeg kan ikke lide dig

Du frustrerer mig

Du taler uafbrudt

Med alle dine venner

Højtideligt og glad

Og du gør ting

Der ikke er socialt acceptable

Du børster tænder i timen

Du har underligt tøj på

Du taler om emner der er tabubelagte

Og jeg kan ikke lide dig

Men i virkeligheden er det nok bare fordi

At jeg ser op til dig

Og jeg misunder dig

Du kan tale frit og ubekymret

Ikke tænke over andres fæle meninger

Og kan leve ubesværet

Du tager tøjet på som du kan lide

Du taler frit som var der ingen tabuer

Og du er ikke skamfuld

Over at være dig

Og jeg ser noget af mig selv i dig

En del af mig som ikke får frit løb

Som undertrykkes konstant

Af min angst

Min frygt for andres holdninger

Deres syn på mig

Så jeg gemmer mig væk

Og skammer mig

Og følger de sociale normer

På trods af min egen lyst

Til at udtrykke mig frit og åbent

Jeg håber at jeg en dag kan være fri ligesom dig

Ingenting

Jeg føler intet

Jeg er fyldt med tomhed

Og en følelse af

Ingenting

Ingen glæde

Men heller ingen tristhed

Ingen vrede

Og ingen angst

Jeg er blot tilstede

En observator til livet

En tilskuer

En biperson

Jeg er ubetydelig

Blot levende

Og det er rart

At være

Og intet mere

Intet mindre

Ikke at føle sig knyttet til noget

Ikke at føle sig tvunget

Og ikke at føle

Det er en pause

Fra hverdagen jeg kender

Og ændringen er én jeg byder velkommen

Måske vil jeg imorgen være tilstede

Være følende

Og være hovedpersonen i mit liv igen

Men for idag

Lader jeg intetheden fylde

Og giver min sjæl ro

Hvad skete der?

Hvornår gik vi fra

Slikkepinde med jordbærsmag

Til smøger og vapes

Hvornår gik vi fra

at være til mange barnlige sleepovers

Til mange one night stands

Hvornår gik vi fra

sodavand

Til vodka?

Hvornår gik vi fra

cykler med støttehjul

Til biler

Hvornår gik vi fra

Tøj med prinsesser og actionfigurer på

Til tøj med den største clevage

Hvornår blev fødselsdagsfester

Til noget hvor man drak til det kom op igen

Og røg rigeligt med tobaksprodukter

Frem for Fester med prinsessekage og skattejagt

Med gaver af det fedeste legetøj

Frem for sokker og husholdningsprodukter

Hvornår gik vi fra

"Jeg glæder mig til at starte i 0. Klasse"

Til

"Jeg ved ikke hvad jeg vil med mit liv"

Eller

"jeg kan ikke holde til gymnasielivet"

Eller

"Jeg vil ikke leve mere"

Hvorfor udskammer vi

Den barnlige glæde

Når man når en vis alder

Lad dem dog lege ubekymret

Uden at skulle forholde sig

Til livets fremtidige kvaler

Og lad dem være naive

Og dumdristige

Og nysgerrige

Og absolut fantastiske

Vi skal alle igennem den tid

Den tid hvor vi erfarer os

Og fejler gang på gang

Og ikke forstår

Verdens helhed

Universets uendelighed

Og livets skrøbelighed

Hvilken vidunderlige uvidenhed

Det var at være barn

Jeg ønsker mig tilbage

Til tiden hvor

det tryggeste

var mors godnatsang

Det fedeste

var det nyeste legetøj

Det sjoveste

Var lange legeaftaler

Det mest uhyggelige

Var mørket

Det højeste sted på jorden

Var oppe i klatrestativet

det værste

Var når det var sengetid

Og det mest forfærdelige

Var da Askepot tabte sin sko

Lad os lykønske børnene

For at leve deres liv

Ubekymrede, i en simplere verden

For før de ved det,

så er det blot fortid

Og så vil de savne deres barndom

Lige så meget som jeg gør nu

Krop og sind

Jeg føler mig så smuk idag
Det burde du ikke

Jeg elsker mine øjne
Hvad med poserne under dem?

Jeg elsker mine lange ben
hvad med dine fede lår?

Jeg elsker mine runde kinder
Dem som er fulde af fedt, så du ligner en gris

Jeg elsker fregnerne på min næse
Mener du den forfærdelige heksenæse som er bred og bumpet?

Jeg elsker min navle med piercingen i
Hvad med resten af din mave med deller og fedt?

Jeg elsker mine lange arme
Dem der ligner et skærebræt efterhånden?

Jeg elsker mine flot-formede læber
Dem der er bittesmå og ikke ligner modellernes?

Jeg elsker Min numse
Som ikke er særligt stor og har akne?

Jeg elsker mit smil
Som er hæsligt og med skæve tænder?

Hvorfor følger du, stemme, efter mig når jeg prøver at være god ved mig selv
Kunne du forhelvede ikke blot tie og lade mig bære i fred

Hvis jeg sletter dig hvordan ser det så ud?:

Jeg føler mig så smuk idag

Jeg elsker mine blå øjne
som lader mig beskue vores smukke verden

Mine lange ben
som tager mig fra sted til sted

Mine runde røde kinder
som trækkes op i det største smil jeg kan fremstille

Mine små fregner på næsen
som er som små kys fra solen i sommers

Min smukke mave
som har deller i og som er fantastisk at ligge på og bruge
som pude

Mine lange arme
Som giver gode kram og kærtegn

Mine læber
som giver kys og ytrer søde ord til folk jeg holder af

Min numse
Fordi den er flot og rund

Mit smil
Som løfter andres humør og som på trods af skæve
tænder stadig gør andre glade inklusiv mig

Måske skal jeg blot lære ikke at lytte til dig, stemme,
som hiver mig ned og ødelægger mit selvværd.
Måske skal jeg holde fast i
At jeg elsker mig selv
Og at jeg værdsætter alt hvad min krop gør for mig
Det tror jeg jeg vil gøre

"Hej" siger hun
"Skal vi lege?"
Lille og fin er hun
Med store æblerøde kinder
Og to manglende fortænder
Og et pagehår som hun umuligt selv havde været med til
at vælge

"Jeg er lidt for træt"
Siger den anden
Høj og tynd
Med poser under øjnene
Og en svidende arm gemt under den store trøje

"Hvorfor er du træt?" Spørger pigen

"Livet gør mig træt" siger den anden

"Åh"
"Vil du have et kram?"

Før den anden kan svare
Har den lille kastet sig i armene på hende
En tåre triller
Små børnearme klemmer forsigtigt om hende
og holder hende fast i en varm omfavning

"Jeg skal nok lege med dig"
Siger den tredje med et stort smil
Hun ligner den anden, bare sundere
En flot moden ung kvinde
Med tatoveringer
Og en tydelig selvtillid

Den lille pige tænker dybt og siger
"Vi kan bare lege at vi skal sove så!
Så kan i begge være med"
De to andre ser ned på hende
Med forundrede øjne
De ser så på hinanden
Smiler
Og enigheden behøves ikke udtrykkes i ord
De er jo alle en og samme person

"Det vil vi gerne" siger de

Dine øjne glimter
Som en stjernehimmel på en skyfri nat

Som solnedgangens lys afspejlet på havets overflade
Og som dugdråberne i det høje græs
Morgenen Efter en nat med regn

Dine læber er smukke
lyserøde og fyldige
Og passer perfekt til mine

Dine arme
Store og robuste
Trygge og varme
Og har lige præcis plads til mig

Dit hjerte
Er smukt og rent
Og banker i takt
Med mit

Men hvorfor er det så
At du ikke er min længere?
Når vi passer sammen
Som skabt for hinanden

Hvorfor er det at vi gik hver sin vej
På trods af vores stadig sammenfiltrede hjerter
Som blev revet fra hinanden
Efterladt som en halvdel
Og så måtte vi hver samle stykkerne op

Åh hvor ville jeg ønske at jeg kunne samle dig op og
sætte dit hjerte sammen igen
Men det var mig der ødelagde det
Og det er ikke mit job at fikse det længere

Jeg håber at dit hjerte finder sin plads igen
Og at det heler
I sit eget tempo
Og at du vil finde dig selv igen

Men på Aller selviske vis
ønsker jeg ikke
At andre skal se stjernerne i dine øjne
Føle blødheden af dine læber
Mærke varmen af at være i dine arme
Og have et hjerte som banker i takt med dit

Du er jo min

Du var jo min